JAJP The Japan Association of Jungian Psychology

ユング心理学研究　第15巻

共感力のゆくえ

日本ユング心理学会

編

創元社

はじめに

山口 素子

山口分析プラクシス

　2020年の日本ユング心理学会第9回大会は新型コロナウィルス感染症の急激な拡大により中止となり、その翌年もオンラインのみの開催を余儀なくされた。2022年の第10回大会は「コロナ後の時代におけるユング心理学」というテーマで、オンサイトとオンラインのハイブリッド形式で開催された。残念ながら現在もコロナ後とはいえず、ウィズコロナの時代を模索している状態ではあるが、オンサイトでのプレコングレスや研究発表、ケース・シンポジウムが行われたことは一歩前進であろう。またコロナ禍におけるいわば苦肉の策であった開催形式が、新しい大会のあり方を示したともいえる。確かに学会は発表、参加も含め「生であること」の意義は大きい。しかし一方でオンラインは、遠方の居住者や、育児中など様々な事情で参加したくともしにくい学会員への扉を開いたともいえる。本当の意味での「コロナ後の時代」において、学会がただ元の形式に戻るのではなく、新しいあり方の可能性を模索するという点でも、今回のテーマはふさわしかったように思う。

　オンラインでの心理面接やスーパーヴィジョン、研究会などについても同様である。それは時代の流れに沿って少しずつ進行し始めてはいたものの、コロナ禍において多くはやむを得ずという形で急速に進展した。私たちがこの形態を、その長短を含め、どのように理解し、消化し、取り扱っていくかは、「生であること」を生きてきた心理臨床家にとって大きな課題となるだろう。特別寄稿の足立正道は「オンラインでの心理面接と共感力について」で一考を呈している。

　プレコングレスでは霊長類学者・人類学者で元京都大学総長の山極壽一先生に「共感力の再考——コロナ後の時代へ向けて」というタイトルでご講演いただいた。ゴリラの行動観察から得られた類人猿の共感力から始まり、約700万年前から直立歩行を始め、7〜10万年前に言葉を獲得した人類の歴史の流れの中で人間の「共感力」を考えるというスケールの大きいご講演だった。

　その中で、「共感」は言語を獲得した人類に特有のものではなく、サルや類人猿と同様に、言語以前に人類がすでに持っていたものであると述べられている。リゾラッティらによるとサル、類人猿共に共感力があるとされるが、類人猿はそこに認知能力を加えることにより、シンパシー（同情）という能力を手に入れ、人間はさらにそこに「共同意識」を加えることで、共感力をより進化させてきたということだ。人類は類人猿から、サルにはない、「対面交渉」を受け継ぎ、これが食の共同や子育ての共同と相まって、音楽的なコミュニケーション、つまり歌や踊りとなって現れ、まずは身体の同調や共鳴から相手の気持ちを察する、相手の考えを読むという心の理論に発展し、それが最終的には言葉へと発展していったのではないかと述べられている。

　この対面交渉、顔を合わせる、のぞき込むということでは類人猿は人間に似ているが、一方、類人猿と人類とでは目が違い、人類には白目があるため、その目の微細な動きを捉えることができ、その目の動きから相手の気持ちを読んでいること、しかも、重要なことは、そういう能力を親から教わったこともないし、学校で教わったこともなく、人間が生まれつき持っている力であると述べられている。

　この誰にも教わっていない生まれつき持っているものという概念は、ユングの言う人類が元々持っている「集合的無意識」という概念ともつながっているように思う。集合的無意識は系統発生的、本能的な人類の基底に直截にかかわり、身体性と深く結びついている。共感力が、系統発生的に言葉や教育以前に生まれながらに持っている能力であるならば、このつながりは自明であろう。臨床場面ではこうした元々持っているとされる「共感」することに躓いていると感じさせられる人も多い。そう考えると共感

力の脆弱さを集合的無意識の層とのつながりという観点から考えることも可能なように思う。

　山極先生は、人類は言葉を獲得したことにより、その通信技術を発展させ、文字が現れ、電話が発明され、インターネットが登場し、SNS社会へと、それはどんどん加速しており、その過程で言葉の比重が不釣り合いに発展し、世界が現実性を失いつつあること、そうした時代にあっては、言語以前にある共感性、そのもととなる身体性や音楽性を再考することが今後ますます重要になるのではないかと示唆された。

　コロナ禍によりこの傾向はさらに鮮明化し、通信革命やメタバースが発展していく中で、心理臨床においても、その発生の時点から本来根幹的なテーマであった「共感力」を再考し、「共感力のゆくえ」を見据える必要性が感じられる。その点については、シンポジウムの討論の部分で、河合俊雄、岩宮恵子が取り上げている。また特別寄稿として高橋悟が「プレイセラピーにおける共感──ボールを用いたプレイを手掛かりに」、川部哲也が「『葬送のフリーレン』から共感を考える」という稿を寄せている。

目 次

日本ユング心理学会　機関誌投稿規定（2018年9月16日改訂）

ユング心理学研究　第15巻

共 感 力 の ゆ く え

装丁　濱崎実幸

シンポジウム

本稿は、2022年6月4日に AP 大阪淀屋橋（大阪市中央区）およびオンラインのハイブリッド形式で行われた日本ユング心理学会（JAJP）第10回大会プレコングレスのシンポジウムをまとめたものである。

基調講演「共感力の再考——コロナ後の時代へ向けて」

山極 壽 一
総合地球環境学研究所

類人猿の研究から

はじめに

　私は、ニホンザルやゴリラのフィールド調査を通じて、彼らの社会や行動について探ってきました。特に、ゴリラの調査は、最近まで文字を持たなかった狩猟採集民の人たちと協働で行ってきました。その中から、今日は「共感」をキーワードにお話しします。

　皆様もご存じのチャールズ・ダーウィン（Darwin, C.）は、「人間はなぜ命を賭して見ず知らずの他人を助けるのか」という問題に生涯悩みました。「進化論」は、自分の子孫を多く残す行動が淘汰されずに残るという理論ですから、子孫を残す前に自分が死んでしまったら遺伝子を残すことができません。そこで、ダーウィンは、動物には仲間を助けたいという「社会本能」があり、過去や他人の行動と自分の行動を比較して「道徳的観念」が生まれ、それが身体・行動に埋め込まれて「良心」というものが芽生え、それが「記憶」となって残る。これは言語の作用によるものだ、と推察したわけです。

　しかし、私は、言葉は人間の気持ちを伝える役割を果たしていないと思いますし、動物を研究している立場からすると、言葉は気持ちを伝えるコミュニケーション手段として登場したわけではないと考えています。

　私たち動物学者は、言葉をしゃべらない動物の行動の組み合わせ、行動の結果として現れる個体間の関係を読み解いて、そこから「心」というものを仮定します。「心を読む」とは、人間の場合、文化によって合意されている文脈の中で、他者の行為を観察し、そこに意図や信念や経験を想像し、それが他者に帰属しているのだと見なす行為です。しかし、この「観察」「想像」という働きには必ずしも言語は必要ではなく、状況を頭に浮かべるだけで事足りるのではないでしょうか。意図はジェスチャーで、信念は音声の強弱やトーンで、経験は記憶（言葉による記憶ではなく、言葉に翻訳される前の記憶、情景）によって読めるのではないかということです。

ゴリラの様々な表情

　とりわけ人間に近い類人猿は、顔の表情が感情を読み解く鍵になります。
　ここで、ゴリラの表情をご紹介します。写真1はくちびるを突き出していますが、これは悩んでいるときの表情です。写真2は、上下のくちびるを噛み締めていますが、これはアンビバレントな状況でよく見せる表情です。それから、写真3のようにあごをかくのは、思いどおりにいかないときです。子どもが全然従わないのでどうしようか迷っています。それから、不満なときは、ゴリラの子どもはくちびるを尖らせて声を出します。我々

写真1

写真2

人間も、不満を言うときはゴリラと同じように、口を尖らせているんですよ（笑）。また、面白いことに、オスがメスに対してプロポーズするときも、声は違いますが、不満なときと同じように口を尖らせます。

写真3

写真4

　それから、写真4のように、興奮しているとき

には口を開けて叫びます。
写真5は、ドラミングと
いう行為です。若いゴリ
ラが双方で胸を叩きなが
ら、口を開けて笑ってい

写真5

写真6

ますね。うれしくて興奮しています。写真6は、背中を向けているゴリラ
が遊びに誘いに来ています。そしてこちらを向いているゴリラは、遊ぶ楽
しさを感じて、思わず笑っています。また、類人猿は、ゴリラもチンパン
ジーも笑い声を大きく立て、ゴリラは大きな声でゲタゲタゲタと腹の底か
ら笑います。

ゴリラのコミュニケーション

　ゴリラが発見されたのは1846年で、ダーウィンの『進化論』の13年前で
した。このとき、ヨーロッパ人の探検家が、ゴリラは獰猛で凶暴な野獣で
あるというまったく誤ったイメージを植えつけてしまいました。そのイメ
ージが語り継がれて映画になったのが『キングコング』です。なぜそんな
誤解をしたかというと、探検家がゴリラに出会ったときに、ゴリラが胸を
叩いたので、それを戦いの宣言、襲ってくる前触れだと感じてしまったか
らです。探検家は鉄砲ですぐさまゴリラを殺したのですが、そこでゴリラ
は怖いというイメージが植えつけられてしまったわけです。

　ところが、1950年代以降、日本やアメリカやイギリスの研究者が、ゴリ
ラの群れの中に入って観察をするようになると、ドラミングというのは、
興奮あるいは好奇心の表れで、遊びの誘いや、相手と自分の対等な関係を
保つために使われるコミュニケーションの手段であり、むしろ戦わずにお
互いに共存しようという提案であることが分かってきました。子ども同士
や乳飲み子でも胸を叩いているのですから、これが戦いの宣言なんて言え
ませんよね。つまり、いろんな文脈で相手に自分の気持ちを伝えるコミュ
ニケーションだということが分かってきました。人間の言葉に匹敵するか
もしれません。

　チンパンジーも、胸は叩かないけれども、足を踏み鳴らしたり、2本足

で立って自分の体を大きく見せたりするというディスプレイが盛んです。皆さんもご存じの、歌舞伎の『勧進帳』で弁慶がやる見得のポーズも、戦いの意思表示ではなく、自分の主張を通すための構えですよね。こういう行為をする点が、類人猿と人間には共通しています。これは、オスや男に対する社会的な期待というものがある、というところで似ているのではないかと考えたりしています。

　類人猿と人間とでは違う特徴もあります。例えば、ゴリラの「のぞき込み行動」です。これは共感性ということに大きく関係していると思います。私は、これを初めて見たときはびっくりしました。というのも、ニホンザルは、相手が自分をのぞき込んできたら、威嚇しているということですから、いたずらに相手の攻撃性を高めないために、視線をそらさなくてはなりません。でも、ゴリラの場合は、のぞき込んできても、それは威嚇ではないのです。

　この「のぞき込み行動」を映したビデオがあるので、見ていただきます。人間に馴れた野生のゴリラがガイドさんに近づいてきて、挨拶をしようとしています。ゴリラは、相手が自分に真っすぐ顔を向けてくれないと挨拶ができません。しかし、ガイドさんは顔を半分しか向けてくれないので、ゴリラは挨拶できずに困っています。とうとう辛抱しきれなくなって、引っぱって自分のほうに顔を向けてもらおうとしています。それでも半分しか顔を向けてくれないので、自分から近づいて顔を近づけます。ゴリラはこうして挨拶しているのです。

　これは、ニホンザルやヒヒといったサルにはできません。ニホンザルの場合、相手を見つめるのは強さの特権だから、見つめられたら、弱いほうのサルは歯茎を出して、ニッと笑って「私はあなたに逆らうつもりはありませんよ」ということを示すために、視線を避けなくてはいけません。でも、ゴリラはしょっちゅうこうやって顔と顔とを突き合わせます。

　背中の白い成熟したオスを「シルバー・バック」と言うのですが、写真7は、シルバ

写真7

ー・バック同士が何かの理由で戦おうとしているところです。そこへ、ま
だ若いオスのゴリラが顔を近づけていってなだめています。ニホンザルの
場合、弱いサルからケンカに介入されても決してケンカをやめません。で
も、ゴリラのオスは、仲裁に入ってくれたら、お互いが勝ち負けをつけず
に、引き分けることができます。ゴリラも、ぶつかったらかなりひどい怪
我をすることがお互いに分かっているから、本当はぶつかりたくないので
しょう。だから仲裁が成功するんですよね。また、チンパンジーも、ゴリ
ラとまったく同じように、顔と顔とを突き合わせます。

人間の目の特徴

　人間も、対面したまま、ゴリラやチンパンジーより長い時間じっとして
いることができます。ただし、人間の場合は１メートルぐらい距離を置い
て対面します。では、なぜこのように対面で向き合うのでしょうか。「人
間はしゃべっているのだから、対面なのは当たり前ではないか」と皆さん
は思われるかもしれません。しかし、我々研究者は天の邪鬼なので、「後
ろを向いていても横を向いていても声は聞こえるわけだから、べつに向き
合わなくていいじゃないか」と考えるわけです。なぜ向き合うのでしょう
か。

　図１は、幸島司郎さんと彼の教え子の小林洋美さんの二人がサル、類人
猿、人間の目を比較した研究です。

　左側（a）はサルの目で、一番下に人間の目があります。右側（b）は類

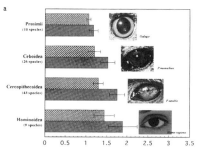
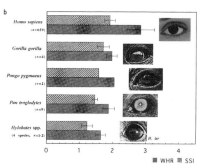

図1

人猿の目で、人間の目の下にゴリラ、オランウータン、チンパンジー、テナガザルの目があります。人間の目だけに白目がありますね。この白目があるために、1メートル離れたときに、その目の微細な動きを捉え、目の動きから相手の気持ちを読むことができます。しかも、重要なことは、そういう能力を生まれつき持っているということです。しかし、人間に近い類人猿であるゴリラやチンパンジーにはこの白目がありません。ということは、この白目は、ホモ・サピエンスという現代人が世界中に広がる前、たぶん言葉より前に出てきたものではないかと考えられるわけです。

　ここで、今日の主題に移りますが、このように、相手の目の動きから相手の気持ちを探る。これこそまさに共感力ではないですか。サルから類人猿、人間へとこの共感能力は向上していったのです。

「共感力」の進化

「共感力」のレベル

　イタリア人のリゾラッティ（Rizzolatti, G.）たちが、1990年代の初めに、サルの頭の脳に電極を刺して調べ、「ミラーニューロン」を発見しました。これは、仲間のサルが自分と同じような行動をするときに、脳のある部分が同じように発火するというものです。つまり、仲間の行動を映して感じることができる能力をサルは持っているということです。ヒヒやニホンザルのオナガザル科（サル）にも共感能力（empathy）がある証拠だと言われています。

　類人猿は、そこにさらに認知能力を加え、同情（sympathy）という能力を手に入れました。共感能力は相手の気持ちが分かるだけですが、同情は、気持ちが分かった上で、相手を助けたいという心が生まれるものです。例えば、ゴリラなどの類人猿は、ケンカしたり、何かに傷ついてしょんぼりしている仲間を抱いて慰めて、傷口をなめてやるということをします。こ

れには、相手の状況を理解できる認知能力がなければなりません。サルにはこれがありません。

　人間は、さらに「共同意識（compassion）」が加わります。これは、例えば、指を指したところをみんなが一斉に見て、その瞬間に起こった出来事を共有できる能力です。これは類人猿にはありません。ですから、「共感力」といっても、サル、類人猿、人間で、そのレベルには随分違いがあるのです。

　どれぐらいレベルが違うのかということについて、「志向意識水準」というもので示します。まず、第1次の認知能力はサルの段階で、相手と自分のどちらが強いかを分かっていて行動します。自分より弱いサルが出てきたときは威張るし、自分より強いサルが出てきたときは自分が遠慮します。

　第2次段階は「心の理論」と言われ、類人猿の段階です。相手が心の中で自分をどう思っているのかを読み解く能力があるということです。類人猿の中には、時に次の第3次段階まで到達するものもいます。つまり、他の仲間同士がやり合っているのを見て、「Aさんは『BさんがAさんより強いと思っている』と思っている」と第三者のCが思う。このように、第三者の立場から判断する能力が、ゴリラやチンパンジーにもあります。だからケンカの仲裁ができるわけです。また、霊長類には「和解」という現象があります。その和解の方法には2種類あって、ケンカの当事者同士が和解をするリコンシリエーション（reconciliation）と、第三者が加わって和解をするコンソレーション（consolation）があります。このコンソレーションができるのは、この第3次の志向意識水準まで達しているからです。

　第4次以降が人間の段階ですが、入れ子状になっていて、第5次ではさらに第四者が出てきます。この第4次、第5次まで到達して初めて、劇や映画を観て、そこに自分を投影したりドラマを楽しむことができます。しかし、この第5次段階まで行けるのは、人間でも成人の20％しかいないのです。

　このことから、私は言葉がなくてもこの水準に達することができると思

っています。言葉は誰でもしゃべれるようになりますが、この段階の志向
意識水準に達するには、言葉以外の能力、複雑な社会を読み解く能力が備
わる必要があると考えられるのです。

類人猿は思考しているのか

　霊長類学者は、「類人猿は思考しているのか」という設問をずっと問題
にしてきました。「思考」とは、内的経験を新しい環境に適用することで
す。あるいは、自分が何をしているかということを自分が認知しているこ
とです。あるいは、「相互の個体認識に基づいた多様な和解行動」を取る
ことです。

　例えば、２頭のチンパンジーのオスがケンカをしています。そのすぐそ
ばにメスがやって来て、草をむしり始めます。すると、ケンカをしている
２頭のオスまでもがその草むしりに参加して、みんなで草をむしり始める
のです。これは「集団的嘘」と呼ばれるものの例ですが、注意を他の行動
に向けることによってケンカを止めようという意図があります。これは非
常に高度なものですよね。

　それ以外にも、先ほど述べたような仲裁行動、あるいは、食物の分配行
動のような、自分の欲求を抑えて、相手の欲求を叶えるような行動を取り
ます。

　とりわけ、相手をだます「だまし行動」と自分が損をしても相手に利益
を与えようとする「教示行動」は、自分と相手に知識の差があることを理
解しなければ出てこない行動です。また、その後の結果を予測し、その結果と合致するように自分の行動を調整しますが、これは、自分が関わることで相手の行動が変わることを予測する力があるからできることです。

　例えば、「高度なだまし」の例としてよく知られているチンパンジーの実験をご紹介しましょう（図２）。ＡとＴというチン

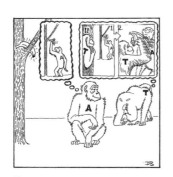

図２

パンジーがいて、TはAよりも力が強いです。Aだけに大好きなバナナの隠し場所を教えると、Aはすぐにそのバナナを取りに行きますが、そうすると、Tに奪われてしまいます。2回目になると、Aはすぐにはバナナを取らず、Tが後ろを向いて去って行くのを見た隙に、バナナを取って自分で食べようとします。そして3回目では、Tは去って行くふりをしながら、Aがバナナを取るとすぐさま振り向いてそのバナナを横取りします。つまり、相手の考えが分かっていて、それを先取りするような戦略的な行動に出るわけです。これは「心の理論」と呼ばれますが、このような相手の心的状態の推測までできるのは、オランウータン、ゴリラ、ボノボ、チンパンジーという類人猿に限られ、サルにはなかなかできません。

人間の脳が大きくなったのはなぜか？

人類は、約700万年前に直立二足歩行を始め、熱帯雨林から草原へと進出していきました。そして、約200万年前に、脳容量が増大し始め、ゴリラ（400〜500cc）を超えるようになります。その後、180万年ぐらい前に、人類の祖先が初めてアフリカ大陸を出て、アジアやヨーロッパへ進出します。そして、約7〜10万年前に言葉が発明され、今度は北米、中米、南米、そしてオーストラリアなどに進出を果たします。この「直立二足歩行」「脳容量の増大」「言葉の発明」が、人類がそれまでの生息域を大幅に伸ばす大きなきっかけだったと思います。

ところで、人間の脳はゴリラの3倍大きいのですが、なぜ人間の脳はこんなに大きくなったのだと思いますか？　言葉をしゃべるようになって、コミュニケーション能力が一気に向上して、脳の容量を増す必要があったからだと思っていらっしゃる方が多いと思います。しかし、現代人並の脳容量に達するのは、約40万年前です。このときは、まだ言葉はしゃべっていなかったと思われるので、言葉が脳容量を増大させた原因ではありません。脳が大きくなった結果、言葉をしゃべれるようになったという考えが正しい。では、人間の脳が大きくなったのはなぜなのでしょうか。

色々な霊長類学者がこれについて調べましたが、イギリス人のロビン・ダンバー（Dunbar, R.）による面白い仮説があります。脳には新皮質と旧

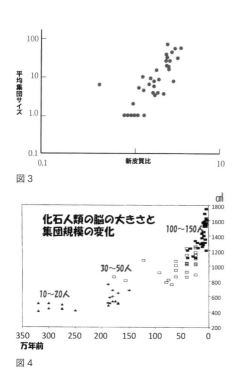

図3

図4

皮質がありますが、X軸に新皮質比を取り、縦軸にそれぞれの種の平均的な群れの規模を取ると、きれいな右肩上がりになったのです（図3）。つまり、平均的な群れの規模が大きければ大きいほど新皮質の割合が高く、結果的に脳は大きくなっていると推測できます。平均的な群れの規模が大きいということは、付き合う仲間の数が多いということです。ニホンザルでもそうだったように、相手と自分の関係を記憶しておくほうが適切に行動できますし、他のサル同士の関係も知っておくほうがいい。それがだんだんと複雑になって、類人猿では、相手の強い／弱いだけではなく、過去の関係なども考慮に入れ、社会関係に関する知識がどんどん増していったと考えられるわけです。

　この相関係数を利用して、脳容量と当時の化石人類の集団規模の関係を調べた研究があります（図4）。350万年前はまだ脳容量がゴリラと同じサイズです。そして、200万年前に600ccを超え、このときに、ゴリラの平均的な集団サイズ（10〜20人）を超えて、30〜50人になった。そして、現代人の平均の脳容量は150人ぐらいの集団サイズに匹敵することが分かりました。これを「ダンバー数」といいます。

　極めて興味深いことに、狩猟採集民の人たちの平均的な村のサイズも150人だという報告があります。これを「マジック・ナンバー」と言いますが、この「マジック・ナンバー」と「ダンバー数」はぴったり一致します。7〜10万年前に言葉をしゃべり始めた頃は、まだ狩猟採集生活をして

いたわけですから、人間が1万〜1万2000年前に農耕・牧畜を始めるまでは、このような150人ぐらいの集団で暮らしていたのではないかと考えられます。人間の集団規模は、農耕・牧畜を始めてから一気に増大しましたが、人類の脳はむしろその頃に比べて10％ぐらい縮んでいるとも言われています。ですから、現代は、この集団規模と脳の大きさが相関しなくなってきたのではないでしょうか。

集団規模とコミュニケーション

このような、人類が進化の過程でつくり上げてきた集団規模は、実は現代にも生きています。ゴリラと同じぐらいの10〜15人の集団サイズを「共鳴集団」と言いますが、この典型例はスポーツに見られ、例えばサッカーは11人、ラグビーは15人のチームです。練習するときは言葉を使いますが、試合では声や身体の動きで仲間に自分の意図を伝えます。そして、仲間は即座にそれを受け取って適切な行動を取り、それが組み合わさってチーム・プレーができるわけです。この間に言葉は介在していません。ゴリラは群れで一つの生き物のように動くことができますが、ゴリラと同じように、人間も10〜15人ぐらいの集団ならば、身体を共鳴させて一つの動きを取ることができるのです。

次の30〜50人の集団は、学校のクラスなどに見られます。毎日顔を合わせているから、誰かがいなくなったらすぐに分かるし、誰かが動きだしたら、その集団は分裂せずについていくことができます。また、軍隊の小隊や会社の部・課に所属する数など、これに匹敵する集団はいくらでもあります。

そして、現代人の脳容量（1400〜1600cc）に匹敵する150人の集団を、私は「社会関係資本（social capital）」だと考えています。なぜ「社会関係資本」と言うかというと、自分がトラブルに陥ったときに相談できる相手だからです。過去に喜怒哀楽を共にした、あるいは、一緒に身体活動をしたことのある信頼できる仲間の数の上限だと思います。

今は、それ以上の数の人たちとインターネットやSNSを通じて付き合っていますが、その場合は、身体以外の言葉、とりわけ文字といったシン

ボルによって認知する間柄だと思います。その数はどんどん拡大していますが、信頼できる仲間の数は増えていないのです。

　このような考えを日常生活に落とし込んでみると、「共鳴集団」は家族です。親族まで合わせれば10〜15人ぐらいでしょう。それが10〜15個ぐらい集まって、150人ぐらいからなる地域集団、地域コミュニティを作ります。私はこのコミュニティは「音楽的コミュニケーション」、とりわけリズムによって作られていると思います。例えば、祭りのお囃子の音を聞くと、何となく身体が動いてしまいますね。音楽はそういう機能を持っています。音楽だけではなく、服装、マナーやエチケット、町並み、家の調度品、そういったものも全部、行為や社会交渉のリズムと流れを重視して作られていると思うのです。このような音楽的コミュニケーションで、我々は身体を共鳴させて付き合っているのではないでしょうか。

人間が共感能力を高めたのはなぜか？

　では、なぜ人間は共感能力をここまで高める必要があったのでしょうか。簡単に言えば、700万年という時間をかけて進化する過程において、一緒に食事をする「共食」、そして、一緒に子どもを育てる「共同保育」を通じて共感能力を高める必要があったからだと思います。

　ニホンザルは食物を分配することはありません。ニホンザルは無駄な争いを避けるために、強いサルが食物を独占するというルールを持って暮らしているからです。弱いほうが退くことでケンカを避けるというルールを作れば、平和でいられるし、秩序を保てます。だから、ニホンザルは、自分と相手のどちらが強いかを常に認知し、それをもとに行動します。

　逆に、ゴリラやチンパンジーのような類人猿は、強いほうが弱いほうに食物を分配することがあります。ただ、要求されなければ分配しないし、分けるのはまずい方、小さい方です。ところが人間はずっと気前がいい。求められなくても、自分が食べる以上の食物を採集し、わざわざ仲間のもとに持ち帰って分配し、一緒に食べます。これは、食物が仲間と自分の関係を調整することが分かっていて、食物を利用しているわけです。

　仲間が食物を採りに行くことを察知し、その仲間が自分のもとへおいし

い食物を持って帰ってくるに違いないと期待する。つまり、見えないものを欲する気持ちが芽生えたわけですね。採集する者も、仲間が期待して待っているに違いないと思う。これによって、これまでにはない社会性が芽生えました。しかも、仲間を信用してその食物を口に入れるという行為が生まれました。そして、情報というものを共有する必要が出てきます。言葉が生まれる前は、身振り手振り、あるいは、何らかの間接的な証拠でそれを伝えていたのだと思います。

　食事はフィクションの宝庫です。今でも、みんなで人の噂話なんかをしながら時間をかけて食事を楽しみますよね。食事は、人間にとっては社会性を育むとても大事な時間であり、共感能力も同時に育まれているわけです。

人類の進化と共感

早い離乳、遅い成長

　ここで、ゴリラと人間の子どもを比較してみましょう。ゴリラは、生まれたときは1.6kg ぐらいでものすごく小さく、お母さんは３〜４年間ぐらいかけてお乳で育てます。生後１年間は、片時も腕から離しません。だから、赤ちゃんは泣く必要がありませんし、実際泣きません。一方、人間の赤ちゃんは３kg を超え、非常に大きい。であるにもかかわらず、自力でお母さんにつかまれな

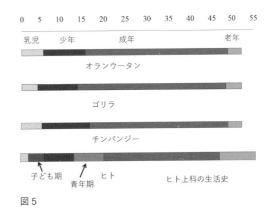

図5

いぐらいひ弱で、成長も遅いです。

　図5の棒グラフは、成長段階を表したもので、上に書いてある数字は年齢です。オランウータン、ゴリラ、チンパンジーは乳児期が長く、オランウータンは7年もあります。離乳した時には永久歯が生えているので、おとなと同じ硬いものをすぐに食べることができます。しかし、人間は離乳してもまだ乳歯ですから、おとなと同じ硬いものは食べられません。だから、離乳食が必要になるわけです。6歳まで乳歯しか生えていないのであれば、ずっとオッパイを吸って育てればいいのに、なぜか人間は離乳を早めてしまいました。そして、繁殖能力がついたのに繁殖をしない青年期というものがあります。これも人間にしかありません。そして、老年期が長い。人間には、これらの三つの特徴があります。

　では、なぜ人間は乳歯のうちに離乳してしまうのでしょうか。それは、人間が、熱帯雨林を離れたことに起因します。熱帯雨林では、肉食動物から襲われたら高い木に登れば助かりますが、森林を離れると高い木がないので、肉食動物に襲われて子どもがたくさんやられます。そのため多産になる必要がありました。多産になるには、一度にたくさんの子どもを産むか、出産間隔を縮めて毎年子どもを産むかのどちらかです。人間は、出産間隔を縮め、何度も子どもを産む方法を選んだわけです。しかし、オッパイをやっていると、プロラクチンというホルモンが排卵を抑制するので、次の子どもを産むことができません。そこで、赤ちゃんをオッパイから引き離すことで、次の子どもを産む準備をするのです。

　では、なぜ赤ちゃんが重たいかというと、これは生後すぐに脳を成長させるためです。直立二足歩行によって骨盤の形が変わり、お皿状になりましたが、その真ん中にある産道をそれ以上大きくすることはできませんでした。だから、比較的小さな頭の子どもを産んで、生後急速に脳を成長させるというアクロバティックな方法になったわけです。

　脳を成長させるためには、脳に栄養をたくさん送り届けなくてはいけませんから、人間の赤ちゃんは、分厚い体脂肪に包まれて産まれてきます。ゴリラの赤ちゃんの体脂肪率は5％以下ですが、人間の赤ちゃんは15〜25％で、類人猿の5倍もあります。そして、生後1年間で人間の赤ちゃんの

脳は２倍になります。しかし、それで終わりではなく、12〜16歳まで脳は成長を続けます。脳の成長を優先させて、身体の成長を遅らせるわけです。そして、12〜16歳で脳の成長がストップすると、身体の成長にエネルギーを回すことができるようになり、思春期に身体の成長速度が急にアップします。これを「思春期スパート」と言います。

　そして、この時期は、身体が脳の成長に追いつく時期であると同時に、繁殖能力が身につく時期でもあります。なおかつ社会的な能力を身につけなければならない時期でもあり、大変難しい時期です。そのため、「思春期スパート」の時期の直後あたりで、男の子も女の子も死亡率がぐんと上がります。これは、この時期に心身のバランスを崩したり、事故に遭ったり、病気にかかったりして死亡するケースが多いことを示しています。時代あるいは国が変わってもこのピークの位置はほとんど変わらないという2001年の報告もあります。ですから、人間の子どもには長い離乳期と思春期スパートという二つの危ない時期があり、これらの時期は、親だけではなくみんなで子どもを支える必要があったので、共同保育の必要性が出てきたと考えられます。

　まとめると、直立二足歩行という歩行様式を確立し、自由になった手で栄養価の高い食物を安全な場所へ持って帰れるようになり、みんなで共食をするようになった。それが有効に働いてサバンナに進出できた。しかし、そこでは肉食獣に幼児・乳児がやられるので、多産になる必要が出てきた。さらに200万年前に脳が大きくなり始めると、頭が大きく、成長の遅い子どもをたくさん産むようになった。それによって共同保育が必要になり、家族と複数の家族を含む共同体という重層構造の社会が生まれた。このとき、新たな社会性が登場したのです。

　動物は、自分の利益が損なわれたらその群れを離れますが、人間は逆に、自分の利益を損ねてまで集団に尽くそうとします。ゴリラの場合、集団は非常に閉鎖的で、自分の生まれ育った集団を離れたら戻れませんし、他の集団に入るのも一苦労です。しかし、人間の場合は開放的で、他の集団に行ったり、自分で集団を作って元の集団とは関係なく暮らしたりすることができます。さらに元の集団に戻ることもできます。それは自分の犠牲を

払ってもその集団に尽くそうという感性があるからです。そのため、自分が生まれ育った集団に対し、長期間にわたって自分のアイデンティティを持ち、他の集団をわたり歩けるのです。

音楽的コミュニケーション

　人間の赤ちゃんは大声で泣いたり笑ったりするので、みんなが赤ちゃんをケアしようとします。これが共同保育です。つまり、赤ちゃんは共同保育をしてもらえるような能力を持って生まれてきますし、おとなも共同保育をするような能力を生まれつき持っているのです。

　乳幼児に働きかける言葉は、「インファント・ダイレクテッド・スピーチ（infant-directed speech）」といって、ピッチが高く、変化の幅が広く、母音が長めに発音されて繰り返しが多いという、国や文化を超えて共通する特徴を持っています。この乳幼児への発話能力は誰もが生まれつき持っており、学習が不要だとも言われます。そして、それが一番反映されているのが子守唄です。子守唄によって、赤ちゃんとお母さんの間には、一体化しようという気持ちが生まれますよね。また、このような音楽的な行為によって、おとなの間にも一体化しようという作用が生まれます。つまり、自分一人では乗り越えられない艱難辛苦を一緒に乗り越えようという共同意識が音楽によって生まれたのではないかと考えられるわけです。

　先ほどお話しした通り、脳容量の増大は集団規模の増大と軌を一にしていましたよね。そして、集団規模が大きくなると同時に、家族と複数の家族を含む共同体と重層性が完成されていった。また、それによって社会力が強化され、新たな環境へと進出を果たすことができるようになり、アフリカ大陸から出て行ったのではないかと思うのです。

　ですから、私は、生物学的、認知的、文化的特徴のどれか一つを取り出して調べるのではなく、これらが総合的に使われて社会力が向上した点に注意を向ける必要があると思っています。

　とりわけ、言葉の前に音楽的コミュニケーションがあったというのは、とても重要なことです。音楽というのは全体的な発話で、ジェスチャーと似ています。また、音楽は意味を伝えるのではなく、全体的な気持ちを伝

えるものです。特に音楽はリズムが重視されます。そして、自然に身体の共鳴、協調というものを要請する。音楽を聴くと、身体が自然に動くのはそのためです。

また、言語以前のコミュニケーションとして、私たち人類が類人猿から受け継いだものは、対面交渉です。顔と顔とを突き合わせて、じっと見つめる。これが、共食と共同保育と相まって、音楽的なコミュニケーション、つまり歌や踊りとなって現れた。そして、身体の同調や共鳴から相手の気持ちを察する、相手の考えを読むという心の理論に発展し、それが、最終的には言葉へと発展していったのではないかと思うのです。

言語の目的が、コミュニケーション効率の向上であったことは疑いようがありません。自分が経験しなかった過去の出来事も言葉によって伝えられるようになりましたし、学ぶという行為は言葉によって格段に発展しました。また、言葉によって世界を新しく解釈し直し、現実には起こり得ないことまで創造できるようになりました。このように、言葉がもたらした効果は、大変大きいものでした。

人間社会の変革

狩猟採集生活を行っていたときは、土地は所有するものではなく「コモン」という共有財をみんなで分かち持っていたと考えられます。そして、農耕・牧畜が始まると、それが大きな変革をもたらしました。農耕・牧畜については、食料を生産・貯蔵することに注意が向けられがちですが、定住が確実になり、土地を管理するようになったということが大きな変化だったと思います。

また、狩猟採集では、エキスパートがいて、それぞれの能力に応じた狩猟や採集が行われていましたが、農業では労働が標準化され、計画に従ってそれぞれが分担パートをこなすという計画性が生じました。そして、食料が貯蔵されることによって人口が一気に増加し、共同体が拡大しました。それによって、集団間の争いや統一国家が生まれるような素地ができました。

農耕・牧畜が始まった1万〜1万2000年前の世界の人口は500万人でし

たが、その後、徐々に人口を増やし、産業革命以降は一気に人口が増え、都市が拡大しました。この100年で人口は4倍になり、今は世界の人口が80億人を超え、「超スマート社会」が生まれようとしています。

　また、この産業革命がもたらしたものも非常に大きかったと思います。それまでは、家畜や道具を使って、身体の延長で何とかしようとしていたのに対し、産業革命では、人の身体の延長線ではない新しいエネルギーをもたらし、経済と社会機構を変えたのです。そして、人工的な環境の中で、自然の時間とは違う人間の時間を作り、この時間を管理することによって人間を支配するようになったわけです。しかし、食料生産を拡大したために環境負荷も増大し、また、家畜飼料にさまざまな薬剤を使ったために、家畜自身が変わっていきました。

　20世紀の初めに「緑の革命」がもたらしたものも、生産力という点ではとても大きかったと思います。「ハーバー・ボッシュ法」は、空気中の窒素からアンモニアを合成して化学肥料を大量生産する方法です。そして、この科学肥料を大量に土壌に注ぎ込むことによって生産力を10倍にすることができ、これは大変な効力をもたらしました。しかし、このために、土壌は地力を大幅に減退させてしまいました。その上、遺伝子組み換えや遺伝子編集などの新しい技術が適用され、植物や家畜、さらには魚類までもが新しい成長能力を身につけ始めました。

　そして、種子や肥料が大企業に寡占化されるに従い、伝統的な農業が廃れ、労働の意味が変わってしまいました。農耕というのは、様々な人たちが集まって、色々なパートを受け持ちながら、将来得られるであろう収穫を夢見ながら過ごすという、大変楽しいものであったに違いありません。しかし、ICT技術の導入による農業の工業化によって、効率性や生産性というものを求められるようになりました。

　世界の哺乳類の量の9割以上は人間と家畜です。その結果、地球の陸地の4割以上が家畜と人を食べさせるための牧草地や畑に変わってしまい、野生動物の住む森林は、人口林も含めて3割しか残っていません。今は「グレート・アクセラレーション（great acceleration）の時代」と言われ、紙の消費、車の数、川に建設されたダムの数などあらゆる指標が急激に伸

びています。その結果、地球の限界を表す9つの指標のうち、「生態系の損失（生物多様性）」「窒素とリンの循環」「土地利用の変化」の三つが限界値を超え、他の指標もそろそろ限界値に達しようとしているという状況です。人間だけではなく、地球が危ないのです。

　さらに、今は通信革命が加速しています。7～10万年前に言葉が登場した後、5000年前に文字が発明され、150年前に電話が発明され、40年前にインターネットが登場し、今やSNSの時代ですよね。このように、技術はどんどん加速していますが、人間の身体や心はこれについていっていないのではないかと思われるのです。人間はどこかで間違ったのかもしれません。いつ、どこで、どのように間違ったのかを反省して、人間の暮らしを新たに組み替えなければならない時期に来ているのではないかと思います。

戦いは人間の本性なのか？

　1960年代に『2001年宇宙の旅』という映画が流行りました。この映画は、宇宙に飛び出した人類が、自動制御コンピュータに反逆を起こされて宇宙をさまようというストーリーだと思っておられるかもしれませんが、実は、本題は別にあります。そのことに、私は最近気がつきました。

　映画の冒頭の「夜明け前」というシーンで、まだ人間が毛だらけの猿人だった時代に、「モノリス」という直方体が宇宙から降り立ちます。それに霊感を得た猿人の一人が、キリンの大腿骨を拾って、「狩猟に使えるに違いない」と思い、武器にして狩猟を始めたところ、大成功を収めて英雄になります。そのしばらく後に、サバンナの水場をめぐって複数の集団が争う事態になったとき、この猿人は再びキリンの大腿骨を使って、他の集団を水場から追い払うことに成功します。そこから、人間が他の集団を支配するという社会秩序が生まれ、さらに戦争という事態に発展します。これが、人間の原罪となり、宇宙旅行をするようになった21世紀に、宇宙の神によって裁かれる、というストーリーなのです。

　この映画の元になったシナリオがあります。アウストラロピテクス・アフリカヌスという化石人類を発見したことで有名なレイモンド・ダート

(Dart, R.) という先史人類学者が、1954年に「骨歯角文化説」を発表しました。少しおかしな仮説なのですが、ダートは「硬い骨を武器にして狩猟を行い、またその骨を武器にして戦い合っていた。その証拠に、発見された当時の頭骨にはカモシカの大腿骨で撲殺された跡がついている」ということを言い出しました。つまり、戦いというのは人間の本性で、猿人時代から始まり、狩猟に使う道具が戦争に使われるようになって人間は進化したのだという説です。これを「狩猟仮説」といいます。これに賛同した人は多く、『2001年宇宙の旅』もこの説を元にして作られました。

　また、2009年にノーベル平和賞を受賞したバラク・オバマ元アメリカ大統領も、ノーベル賞授賞式の演説で、「最初の人類から、戦争というものはあった（War, in one form or another, appeared with the first man.）」と言っています。これは、このダートの説を未だに政治家が信じている証拠だと思います。そして、この考えは根が深く、16世紀にもトマス・ホッブス（Hobbes, T.）が『リヴァイアサン』で「人間の自然状態は闘争状態だから、大きな権力でそれを押さえつけなければ、人間は永遠に戦い合う」と言っています。その100年後のジャン＝ジャック・ルソー（Rousseau, J. J.）はそれを否定しましたが、多くの国の政治家たちは今もホッブスの説を信じています。

霊長類が群れで暮らす理由

　我々霊長類学者は様々な努力を重ね、人間以外の霊長類がなぜ群れを作るのかという理由を探し、それが20世紀に明らかになりました。

　霊長類は、メスがおなかの中で胎児として育て、産んでからもお乳をやって育てなければいけません。メスに子育ての負担が大きくかかるので、助け合うために、メスがまず群れます。それは、生態学的には、食物を効率よく探し、捕食者から安全に身を守るためでもありました。そして、オスは一人では子どもを産めないので、子どもを産んでくれるメスを求め、そのメスの群れに連合していきました。

　しかし、オスはメスより大きな力を持つがゆえに、自分の子どもを残してもらうために、メスが抱いている乳飲み子を殺し、メスの発情を早めて

交尾をするという戦略を生み出しました。あるいは、メスを巡ってオス同士が暴力をふるうということが起こりました。そこで、メスは自分と自分の子どもを守ってもらうために、特定のオスを引き入れてこの単位を強化し、さまざまな社会関係を作っていきました。しかし、このような図式を見ると、どの霊長類も狩猟者として進化してきたわけではありません。むしろ、「狩猟される側」だったのです。それなのに、なぜ人間だけが猿人の時代から狩猟を行い、お互いに殺し合う戦争までしながら秩序を作ってきたのでしょうか。さらに、先ほどお示しした、ダートが見つけた、カモシカの大腿骨で殺害された頭骨の傷跡というのも間違いで、肉食動物による捕食や洞窟の落盤事故による傷跡だということが判明しています。ですから、猿人時代から殺し合ったという証拠は何もないのです。

　しかも、狩猟に使う最初の槍が現れたのは50万年前で、それも、先を尖らせただけの木器だった可能性が高い。つまり、獲物を押さえるための槍で、武器としてはかなり貧弱なものでした。そして、人間同士の戦いに武器が使われはじめるのは１万年前で、農耕・牧畜が始まった後のことです。ですから、人間の進化の中でも極めて最近の出来事と言わざるを得ません。つまり、狩猟も戦いも人間の本性とは言えないのです。

共感能力の暴発

　では、なぜ現在のように苛酷な戦争が起こり、あるいは社会の中でいじめや暴力が蔓延しているのでしょうか。私は、人間が長い時間をかけて育て上げてきた「共感」という能力が、環境の変化によって違う目的に向けられることによって暴発したのではないかと考えています。

　先ほども言いましたように、共食と共同保育により、複数の家族がまとまった共同体というものが生まれました。その段階までは、その共同体の内部では高い共感能力で結びついています。しかし、言葉が登場して、定住生活と食料生産が始まると、所有というものが起こって土地に価値が出てきたために、それを巡って集団同士が争い合うような事態が起こるようになりました。そして、おそらくは言語によって、敵対意識を拡大することによって集団内部の連帯を強める必要が出てきた。そして、道具や武器

による暴力へとつながっていったのだと思います。

　共感能力というのは、もともとは厳しい環境の中で150人ぐらいから成る共同体にとって役立つものであったわけですが、それが、集団の外部に大きな敵を作り出し、そこに集団の力を発揮させるような方向に向かってしまったのではないかと思えるのです。

　集団間の暴力が激化した要因は、先ほどもお話ししたように、他の霊長類にはない集団（共同体）への強い帰属心と奇妙なアイデンティティです。つまり、自分の犠牲をいとわずに集団のために尽くしたいと思う気持ち、そして、先祖代々、我々がこの土地に住む権利を持っているのだという死者につながるアイデンティティです。そして、言葉の前に生まれた歌によって集団意識が増幅し、そして言葉によって相手を殺してもいい対象に置き換えるという操作が行われるようになりました。さらに現在は、通信革命が進行中で、言葉がもたらすネガティヴな効用もどんどん増幅しています。

これからの時代をどうデザインするか

科学技術の危うさ

　人間の脳は、大雑把に言うと、「意識」と「知能」からできています。「意識」は「感情」と言い換えてもいいし、「知能」は「知識」と言い換えてもいいかもしれません。しかし、今は科学技術によって「知識（知能）」の部分を外部でデータベース化し、これをAI（人工知能）によって分析して期待値を弾くという技術がどんどん発展しています。しかし、一方で「意識」の部分は情報にはならずに身体に埋まり込んでいて、それを発揮する機会をどんどん失い始めています。そのために、情緒的社会性というものが希薄になっているのではないかと私には思えるのです。

　考え直さなければならないのは、人間以外の命も含めて、どのように命

と命がつながっているのかということについて正しく理解し、その上に、新しい人間の暮らしを築かなくてはならないということです。しかし、我々は、リアルな現実世界よりも、頭で作られたフィクションの世界に半身を突っ込んで生きています。

　例えば、皆さんも車を運転されますよね。運転するときにナビを出すと、地図に矢印で道順を示してくれ、時には「200メートル先を右に曲がってください」と言ってくれます。その通りに運転すれば、目的地に着きます。だけど、これは現実の世界とは違います。雨が降ってきたり、犬が横切ったり、鳥が舞い降りてきたり、想定していなかった色々な出来事が起こり、その度に直感的な対応をしなくてはならないのが現実の世界でしょう。ナビの中に入り込んで運転すれば、そのようなリアルの世界とは無縁でいられますから、我々は、意識の上ではフィクションの中に入っているということです。

　また、今はAIによって、人間を評価・選別しようという試みが増えています。しかし、これはやってはいけないことです。アメリカで実際に起こった話ですが、ある人の将来の期待値を出そうと思ったところ、その人の過去の情報だけでは足りなかったので、似たような人から情報を集めてきて、ひっくるめてAIで分析にかけたところ、たまたまその人が犯罪多発地域に生まれ育ったがゆえに、「この人は将来犯罪を犯す確率が高い」という評価になってしまったのです。しかし、人間というのは自律的で、他から操作できる存在ではないはずです。ですから、過去の情報だけで選別してしまうというのは誤りです。ですが、効率的で便利だからということでそうしたことを始めているわけです。しかも、今は、遺伝子編集や生物工学など、人間を内側から改造しようという技術も高まっています。そうすると、これまでは経済的・社会的格差だけだったのに、生物的格差が生じてしまう。そうなれば取り返しがつかないことになります。

日本人の感性である容中律の精神

　2018年にコスモス国際賞を受賞された、オーギュスタン・ベルク（Berque, A.）というフランス人の地理学者、歴史学者がいます。彼は、和

辻哲郎の大ファンで、「風土」という言葉をもじって「風土学（メゾロジー：mésologie）」という学問を創立しました。この方が、受賞式の演説で「西洋近代の古典的パラダイムは、存在論的には二元論に、論理的には排中律に基づいており、必然的に近代性と工業化を伴ってきた。このパラダイムは、もう行き詰まりに達している」とおっしゃいました。二元論、排中律というのは、あっちかこっちかしかなく、間がないということです。

　また、京都大学の哲学科にいらっしゃった山内得立さんは『ロゴスとレンマ』（1974年）という本で「テトラレンマ（四論）」ということについて述べておられます。これは、インドから来た発想で、「肯定」「否定」「両否定」「両肯定」の四つがあるというものです。「肯定」と「否定」は二元論で間がありません。この二元論と排中律の論理を克服するための「容中律」、そして「両否定（Aでも非Aでもない）」「両肯定（Aでも非Aでもある）」という思想があり、このうち「両肯定」を広げることが重要だと言っています。

　このような例は、実は日本にもたくさんあります。例えば、我々が日常生活をしている里は「ケ」の世界で、一方、山、森、海などの自然は「ハレ」の世界で神様がいます。その間に里山や海岸があり、我々は伝統的にここを非常に重要視してきました。鳥居は里山にありますし、我々は禊をしてから山や海に入り、神様と出会うわけです。竜宮城からやって来たカメも、海岸で浦島太郎を連れて神様のところへ行きますよね。そして、12世紀に描かれた『鳥獣戯画』は、ウサギやカエルが演じるドラマが人間のドラマであるかのように見える。だからこれを見て笑えるわけです。このような「パラレル・ワールド」を瞬間的に現実の世界に写し取る能力を、我々日本人は感性として持っているのです。

　あの世に行くためには「三途の川」を渡りますが、このような川や橋はどちらの岸にも属していると言えるものです。そういうものを我々は自然に頭に描くことができます。しかし、あの世とこの世を行き来できるというような感性は、一神教にはありません。

　そして、茶道が習い事として日本人の暮らしの中に備わってきたのは、それが人間を見ていると同時に型そのものを見ているからであり、その型

が人間の美しさを表すからです。そのような重複した世界を感じる心が、我々日本人にはあるということです。また、日本家屋には縁側があったということも重要です。この縁側は、家の内でもあり外でもあります。そこに客を招いてお茶を飲んだり、碁や将棋を指したりして、話に打ち興じる。それは社交の場です。社交というのは、容中律の精神を採用しているのです。

2020年に亡くなられた著名な劇作家である山崎正和さんの『社交する人間——ホモ・ソシアビリス』（2003年）という本の「社交とは何か」について書いているところを読み返して、本当に納得しましたので、いくつかご紹介します。

・「人間のあらゆる欲望を楽天的に充足しつつ、しかしその充足の方法のなかに仕掛け（礼儀作法）を設け、それによって満足を暴走から守ろうという試み」である。
・「社交の中では人々は互いに中間的な距離を保ち、いわば付かず離れずの関係を維持することが期待されている」
・「参加者はみずからの表情も発言も、内面の感情そのものもその起伏に合わせ、協力してリズムを盛り上げねばならない」
・「作法は行動に複雑な手続きを設定し、正確にしかも自然らしくそれを踏んでいくことを要求する」。

そして、この最後が良いのですが、「行動の全体をまるで音楽のように一つの緊張感で貫く」と書いてあります。

先ほど私は、集団のあり方について「音楽的なコミュニケーションによって成り立っている」と申し上げましたが、このことを既に山崎さんはおっしゃっていたのです。

人間が目指すべきもの

人間の社会は、「移動する自由」「集まる自由」「対話する自由」の三つの自由によって成り立っています。ゴリラは1年間に遊動する範囲は決まっていますし、一度に一つの集団にしか属することができません。また、いったん集団を離れると元の集団にすら戻れない、閉鎖的なものです。一

方で、人間は集団を遍歴して暮らせる自由があります。このような自由を
謳歌しながら社会は出来てきたのです。そして、言葉を持っていて、今は
SNS もあります。

　コロナ禍で大きな制限を受け、自由な移動も対面での会話も食事での団
欒も、共同保育も対面授業も、そして、芸術活動やスポーツ、コンサート
という人間の魂を活性化させるような活動もなかなかできなくなってしま
いました。一方で、これまでは対価を払わずに済ませてきた、子育てや介
護や家事といった非労働行為が、人間が生きる上ではとても重要だという
ことに気がつきました。また、エッセンシャル・ワーキングと言われるよ
うなサービス産業も非常に重要だと思えるようになりました。さらに、オ
ンラインでどこででも働けるという意識に変わりつつあります。これによ
って、地方と都市の価値も逆転したかもしれません。人間にとっての豊か
さとは何か、ということについて改めて考えざるを得なくなりましたよね。

　現代は「不安の時代」と言われ、政府も自治体も「安全・安心の環境を
作りましょう」と格言のように唱えています。確かに、「安全」は科学技
術の発展で改善されるかもしれません。でも「安心」は、先ほど言った、
社会関係資本（social capital）がもたらしてくれるものであり、科学技術
だけでは駄目なのです。裏切られて、食物に毒を入れられたり、横断歩道
で後ろから突き飛ばされたりしたら死んでしまいますよね。そのようなこ
とが不安になってしまったら、暮らしていくことはできません。でも、今
我々は、コミュニティと切り離されて、人間とではなく制度やシステムと
付き合って暮らしています。つまり、身体のつながりではなく、脳のつな
がり（情報交換）に時間を使っているのです。

　2015年のパリ協定で、SDGs17の目標、169のターゲットが示され、数
値目標を掲げて、世界の国々で目標を達成していきましょう、ということ
になりました。これは確かにすごいことだと思いましたが、人間が生きる
上では不可欠なのに、ここには掲載されていない言葉があります。それは
「文化」です。文化そのものは衣食住の中に反映され、暮らしの中で必要
なものですが、数値化できず、世界の共通目標にはなりません。しかし、
文化は倫理そのものであり、地域に根差しながらグローバルに共有できる

もののはずです。また、それを目指していかなくてはいけないと思います。

　現在私がいる総合地球環境学研究所を2001年に創立された日髙敏隆先生は、「地球環境問題の根幹は、人間の文化の問題である」とおっしゃいました。また、同じ年の2001年に、パリのユネスコ総会で締結された「文化的多様性に関する世界宣言」にも、「生物的多様性が自然にとって必要であるのと同様に、文化的多様性は、交流、革新、創造の源として、人類に必要なものである（第1条）」「創造は、文化的伝統の上に成し遂げられるものであるが、同時に他の複数の文化との接触により、開花するものである（第7条）」と書いてあります。つまり、文化は個性的で多様でなければならないが、内向きでは駄目で、他の文化と接触して創造力を発揮するものです。この文化の接触というのは、私が先ほど言った、人間の「移動する自由」「集まる自由」「対話する自由」がなければできないことです。

今、世界で起こりつつあること

　今、世界中でみんなが大移動を始めています。これは、地縁、血縁、社縁を喪失し始めているからです。そして、コロナ禍であっても、人々は集まることに大きな夢を抱いています。ですから、色々なイベントに参加しようとして、先日の連休でも一斉に人々が動きましたよね。その中で、今進行しているのが、地球上のあらゆるところで、土地と結びついてきた文化というものが、大きなプラットフォームによって無国籍化しているということです。どこに行っても都市は同じような景観で、商店街も同じような店が並び、そこで人々は同じような行為をしている。文化の香りが感じられなくなっています。プラットフォーム化は避けられないかもしれませんが、地域に生きる人々の個性を重視した新たな生活のデザインをしていかなくてはならないのではないでしょうか。

　今はテレワークなどが普及し、人が動く時代です。ですから、人類の進化の大半を占めてきた「遊動」というものをもう一度見直すべき時が来たということではないでしょうか。ひょっとしたら、定住、農耕、産業革命、情報革命という我々の技術革命は間違っていて、それよりも、遊動、移動する存在であるということを重視するような人々の暮らしを作ることのほ

うが、我々の人間性を回復させるためには必要なのかもしれません。

　これは何を意味するかというと、「所有」をなくすということです。実際、狩猟採集民はシェアリングをして、誰もが平等に共有財を使う権利を持って暮らしています。しかも、これからはドローンを使った移送などが始まれば、簡単に配送してもらうことができるようになり、物を持って移動する必要もなくなります。ということは、物を溜めておく必要がないので、所有がどんどん減って、所有のない暮らしが実現するかもしれません。そうなると、一つの会社に奉職するのではなく、自分の能力に合わせて色々な職業を転々としていこうとする人も増えるかもしれません。そして、教育を受けて、就職をして、定年を迎えたら趣味に生きるというような単線型人生から、仕事をして、また大学に戻って学び直し、新しい技術や知識を手に入れて、趣味も同時にやっていこうとする複線型人生に変わっていくことになります。すると、将来の趣味や生活のためにお金を貯めるのではなく、今の暮らしを優先してお金を使うようになります。Instagramや Facebook でも、「これを見ました」「これを経験しました」「これをやりました」という行為に価値を置き、みんなもそれに「いいね！」を押しますよね。このように、所有よりも行為に価値を見出す時代が来ていると思います。

シェアリングとコモンズの時代

　これは、まさにシェアリングとコモンズというものを拡大していく時代が来ているということだと思います。例えば、私は京都府移住に関する条例検討委員会の座長をやりましたけれども、若者たちが移動・移住しやすいように、テンポラル（temporal）に住める家を管理しなくてはいけません。全国に840万戸も空き家があるのだから、それを自治体や産業界が整備して、そういう若者たちを受け入れる仕組みを作れば、若者たちは住民票を移さずに住んでいけるはずです。また、労働力にもなるのだから、こういう若者たちが地域に移り住んでくれれば、東京への一極集中もなくなります。これは将来につながっていくと思います。重要なのは、政府がお金をばら撒いて、それを使わせるという経済の回し方ではなく、ギフト・

エコノミーやシェアリング・エコノミーといった寄付型・投資型の経済の回し方をすることです。

　これは、『人新世の「資本論」』を書かれた斎藤幸平さんが言う「商品価値から使用価値へ」ということにもつながると思います。今まではお金を使って様々な物を交換し合っていたので、お金がすごく重要なものでした。しかし、物と物とを交換すれば、そこにはお金という絶対的な価値を持つものは介在しません。しかも、お金に換算される商品価値を基準にすると、例えば規格に合わない野菜や果物は捨てられてしまうことになります。一方、使用価値を基準にすれば、使えば同じことですから、こういう無駄は防げるはずです。実際、私が名誉園長を務める京都市動物園では、ここ数年、近郊の農家さんに「捨てる野菜を譲ってください」と言ってたくさんの野菜を頂いています。農家さんにとっても「規格に合わないからということで野菜を捨てるのは悔しい。だけど、動物園が使ってくれるなら提供しましょう」と言ってくださるので、ウィン・ウィンです。このようなことをしていったらいいと思います。

　また、全国に7000以上もある子ども食堂は、企業や一般の篤志家が出した寄付によって成り立っていて、営業収益を得ることが目的ではありません。そういうふうに経済を回していく必要があるのかもしれません。つまり、共感力に基づいたある事情、状況に合わせた適切な共助というものを自発的に行っていくような時代を、これからはデザインしていかなければならないのではないかと思っています。

　今お話ししたようなことをこの度26人の執筆者で書いたのが、『レジリエンス人類史』（京都大学学術出版会）という本です。ぜひ手に入れて読んでいただきたいと思います。ご清聴ありがとうございました。

文　献

（図１）Kobayashi, H. & Kohshima, S.（2001）. Unique morphology of the human eye and its adaptive meaning: Comparative studies on external morphology of the primate eye. *Journal of Human Evolution*, 40（5）, 425.

（図２）Byrne, R. W.（1995）. *The Thinking Ape: Evolutionary Origins of Intelligence*. Oxford:

Oxford University Press. （小山高正・伊藤紀子（訳）（1998）. 考えるサル──知能の進化論　大月書店）

（図3）Dunbar, R. I. M. (1993). Coevolution of neocortical size, group size and language in humans. *Behavioral and Brain Sciences*, 16, 681-735. を改変。

（図4）Aiello, L. C. & Wheeler, P. (1995). The expensive-tissue hypothesis: The brain and the digestive system in human and primate evolution. *Current Anthropology*, 36(2), 199-221. を改変。

山極壽一（やまぎわ・じゅいち）⋯⋯⋯⋯⋯⋯⋯⋯⋯⋯⋯⋯⋯⋯⋯⋯⋯⋯⋯⋯⋯⋯⋯⋯⋯⋯⋯⋯⋯⋯⋯⋯

1952年生まれ。京都大学大学院理学研究科博士課程単位取得退学。理学博士。京都大学霊長類研究所助手、京都大学大学院理学研究科教授などを経て、現在、総合地球環境学研究所所長。元京都大学総長。京都大学名誉教授。霊長類学者。人類進化論を専攻、ゴリラを主な研究対象とし、『暴力はどこからきたか』『スマホを捨てたい子どもたち』『京大総長、ゴリラから生き方を学ぶ』『ゴリラからの警告』『猿声人語』など著書、業績多数。

討論──基調講演を受けて

指定討論者　河合俊雄

岩宮恵子

言語以前のものの共有

　岩宮　700万年前からの人間の歴史とともに「共感」について考えさせていただく、本当に刺激的で充実した時間でした。今のお話とユング心理学をどう結びつければいいかというあたりから始めていきたいと思いますが、河合先生、いかがでしょうか。

　河合　はい、どうもありがとうございました。心理療法というのは、やはり基本的には言語によって成されているものです。今日のお話では、人類の社会性というものは言語によって生まれたわけではない、ということでした。ただ、ユング派の心理療法の中でも、夢や箱庭などを扱い、イメージというものを非常に大事にしています。そうすると、言語以前のものの共有、伝達が可能になります。つまり、言語的に理解するのではなく、言語以前のシンボルのレベルで心がどのように変わっていくかというところを扱っているのが、今の心理療法ではないかということを思いました。

　また、オーギュスタン・ベルクの話のところで出てきた、二元論的・排中律でないものというのは、まさにイメージがそうです。例えば、若い青年の夢に出てきた女の人が、お母さんのようにも恋人のようにも見える。イメージではそれができるわけです。このような、二元論的・排中律ではないところを我々が扱っているからこそ、心にアプローチできるのだということが、今日のお話を聴いていると、とてもよく分かりました。

　それから、今は極端な情報社会になっています。先ほどのお話でも「オーギュスタン・ベルク」と検索するとすぐに出てきて、便利ですし、何と

なく分かった気になる、ということがあります。しかし、それは結局、体験や実感からは離れたものです。やはり情報として入るものというのは、上滑りになってしまうことがあると思います。

　また、発達障害のお子さんにプレイセラピーをやっていくと、発達検査である程度良い数値が出ていた子でも、その数値が一時的に低下し、悪化する時期が出てきます。しかし、砂に触れたり、水を撒いたり、そのような身体で触れる遊びを続けていく中で、もう一度ベースから認知能力を身につけて伸びていくことがあります。このようなベースの部分を回復させるためには、やはり身体というのは非常に大きいと思います。そのような意味で、箱庭というのは、イメージという点だけではなく、実際に身体を使って手で触って作るというところが非常に大事なのではないでしょうか。

　また、我々はセラピーでイメージを扱っていますが、このような言語的なレベルではない共有というのが絶対に必要です。そうしたレベルでの共有が起こらないと、本当の関係というのはできません。しかし、今はこのような共有が難しくなっているために、むしろセラピーが大事になるのではないかと思います。

　「共有」というのは、人が亡くなっていくとき、人が亡くなったときもすごく大事なもので、ターミナルケアのスーパーヴィジョンをする中で、「つながる」ということが非常に大事なのではないかと思うようになりました。亡くなるときに、実家に帰るという夢を見る人が多いですし、譫妄状態になったときに、自分が家にいると思い込む人も多いです。それから、家族あるいは自分の祖先とつながっているという安心感の中で亡くなっていくとか、そうしたつながりがない人の場合でも、最後の最後にセラピストとどこかつながっているということがとても大事になることがあると思います。地縁、血縁がなくなっていく中で、「共有」ということについて、何らかの形でサポートしているのが心理療法ではないか、ということも思いました。

　岩宮　ありがとうございました。今はオンライン面接も始まっていますし、LINE での相談を受けるなどといったことがトレンドになっていて重要視されています。そのようなことと、言葉以前のところでつながるとい

うことが、どのように関係するのだろうかと思いながら聴かせていただき
ました。

　その中で、私がイメージしたのが、例えば、箱庭を使った面接をしてい
るときに、言語的な説明がすべてできるような箱庭を作っていた人が、
「なぜここにこんなものを置いたのかが分からない」と自分でも説明でき
ないものを置かれるようになることがあります。そのような、「あれっ？
何だろうね」という感じをセラピストと体感で感じる。それは言葉では説
明しきれないけれども、その違和感やそこに起こった何らかのムーブメン
トは共有する。そういうことがあったら、それが、その人のなかで今まで
凝り固まっていた何かが変わっていく原動力になるような気がします。

　またそれは、同じ場所にいて、身体性をある程度共有していないと難し
いことだと思います。そのような感覚の共有をバーチャルではどのように
したらできるのだろうかとも思っています。

バーチャル世界と身体性

　岩宮　最近は、メタバースなど、本当にスムーズな動きができる、2次
元や3次元のアバターでのエンターテインメントに夢中になる若い人が多
くなっています。また、そのようなバーチャルな人格に対し、自分のそば
にいる人たちに向ける共同体意識と同じような気持ちを向けるようにもな
っています。そのアバターにも「中の人」と言われる現実の人間が存在し
ているのは確かですが、今日の先生のお話にもあったとおり、それはすべ
てフィクションですよね。時間を共有しているようでありながら、興味が
なくなったら途端にリセットできてしまうものです。これは、同じ共同体
で何かをずっと共有していく感じとはまったく違うものです。だけれども、
それを必要とする人もいる。それをどう考えたらいいのだろうと思いまし
た。2次元や3次元に夢中になる若い人の感覚ということについて、山極
先生が思われることはありますか。

　山極　ありがとうございます。最近、言葉はどのような役割を果たして
いるのか、ということを考えています。セラピーは対面でされますよね。
岩宮さんが、今はオンラインでセラピーをしなくてはいけない時代になっ

たとおっしゃったけれども、それはやはりすごく大きな意味があると思います。

　言葉というのは、しゃべる主体とその相手との関係によって、意味がどんどん変わっていきます。ジェスチャーが入ったり、声のトーンが変わったり、そして、相手と過去に知り合ったことがあれば、また別の印象を与えるかもしれません。このようなさまざまな要素が加わるので、同じ言葉であっても、実際の生の現場では二度と繰り返しは起こらないほど一過性の強いものです。

　でも、心の中の表象を言葉で100％表現することはできません。だから、僕の素人的な印象で言えば、箱庭療法のような作業を通じて心の中が透けて見えることがあると思うのです。先ほども言いましたように、社会関係資本（social capital）というのは、過去に共同作業を経験した間柄だったり、喜怒哀楽を共にしたりした間柄です。そのときの行為やそのとき作られたものが同時に表象として心の中に残るから、「こういう人だ」「こういう気持ちだ」ということが具体的に分かると思うんですよね。

　例えば、僕が26年ぶりにゴリラの友達と会ったとき、彼が僕のことを覚えている、と感じました。なぜそのように感じたかというと、彼が子どもの頃にやっていた仕草をわざわざして見せたからです。それで、彼が昔こういう動作をしたということ、そのゴリラと僕が昔どのようなことをして暮らしていたかという情景が僕の中に浮かび上がってきたわけです。しかし、言葉を持っていないので、その行為によってしか、彼が僕を思い出してくれたということが分かりません。

　人間の感情も、それを表現しようとして、それが行為で分かるのは、過去にその人との関係があるからです。過去の関係がなければ行為だけでは分かりません。人間も、共同作業などの行為、物を通じてしか分からないというのが実態なのではないかと思います。言葉を尽くしても自分の気持ちは伝わらないし、言葉をいくら聞いても相手の気持ちが分からないということはよくあります。ですから、私が先ほど申し上げたように、言葉というのは気持ちを伝えるコミュニケーションとして登場したわけではなく、世界を切り分ける道具として出てきただけのもので、気持ちを伝えるコミ

ュニケーションは別にあったと思います。でも、言葉が出てきてからは、言葉で気持ちも伝えることができると錯覚するようになってしまいました。

　岩宮さんの質問に答えると、人間は適応能力が非常に高いので、新たに出てきた認知環境に適応していくことができます。

　メタバースの話をされましたが、『サロゲート』という映画を観たことはありますか。例えば老人が、幾種類かのアバターを持っていて、女の子、あるいは若い男の子になったりします。恋愛もするし、スポーツや音楽演奏をしたりもします。人間はベッドで寝ている、あるいは部屋の中に籠もって、頭で操作しているだけなのですが、実際に自分がしているかのように感じることができます。でも、あるときに不具合を起こして、大きな共通の電源装置がシャットアウトして、アバターがみんな倒れてしまうという事態になって終わります。そして、感情を伝え合いながら暮らしているとはどういうことなのかということに気がつく映画です。

　それは、今岩宮さんがおっしゃったことと似ていて、人間は、効率や便利を求めて、自分の身体を使わないことに慣れていくと、どんどん代理装置に依存していくようになります。その典型例が成人病です。楽だから、タクシーやバスに乗ったり、エレベーターに乗ったりして、身体を使わない。それで、おいしいものをいっぱい食べる。これは、頭で欲求を実現させようとしているのであって、身体がそれを欲求しているわけではないと思います。つまり、頭に身体が乗っ取られてしまっています。そして、今度はAIや情報に身体が操作されてしまう事態になる。それが、岩宮さんが懸念していることだと思います。

身体的リアルとイメージ

　河合　この心理療法という仕事をしていて、「言葉が信用できない」と言うと終わりですが（笑）、「言葉は信用できないと思っている」とおっしゃるのを聞いて、本当にそうだなと思いました。

　というのも、結構洞察めいたことを言ってくれるクライエントは沢山いるのですが、それでは全然良くならないことがあります。また、その時に身体の病気になったりして、身体のほうがよほど正直だなと思うこともあ

ります。今のお話を聴いていて思ったのですが、私の同僚でも「オンラインで面接なんかできない」とカンカンに怒っていたのに、1週間経つとみんな平気でオンラインでの面接をやっていました。人間ってとんでもない順応能力がありますよね。なかなか面白いとは思うのですが、どこまで順応できるのか、限界があるのではないかと思ったりします。

　例えば、お恥ずかしながら、私個人の例を言うと、大学院時代の終わりにスイスに留学したとき、お気楽な生活をして楽しく過ごしているのに、ものすごく体調が悪くなったことがありました。そのとき、私は電車で移動してきている夢を見ていました。私の身体はスイスにあって、私は適応していると思っているのに、夢の中ではずっとシベリアを旅していて、私の身体に追いついていないわけです。それで、身体がぼろぼろになっていく。だから、適応できているように見えても、何らかのギャップが生まれるということはあると思います。メタバースやオンライン面接も同じことで、そのような小さなギャップはたくさん生まれてくると思いますが、それをどこまでカバーできるのだろうか、と自分の体験から思いました。

　山極　逆に質問してみたいのですが、最近、私は「プロジェクション」という言葉を知ったのですが、セラピストはプロジェクションの代わりになっていると思うのです。例えば、スターに憧れて、それによって癒されますよね。つまり、自分がそのスターにのめり込むことで、自分というものが見えてきたり、今までとは違う自分を発見したりしてウキウキする。それを拡大解釈すると、スポーツ観戦に行ったり、音楽フェスを聴きに行ったり、絵画を観に行ったりすると、とても感激したりしますが、これも、自分の表象を何か違う媒体に移し替えて納得するようなところがあるもので、実はセラピーもそれと似たところがあるのではないでしょうか。

　「メタバース」も、アバターに自分の分身を預けて、ネットの中で色々な体験をさせることで、新たな形のプロジェクションになっている気がします。映像がどんどん精密なものとなり、現実に近いものが再現されていって、宇宙に行ったり、海底に行ったりして拡大していきますよね。人間がそうしたプロジェクションの能力を持っているとすれば、河合さんがおっしゃったように、人間の意識そのものが身体から離れていく気がするの

ですが、どうでしょうか。

河合 プロジェクションには、やはり自分の願望や欲望が出ます。では、そこに近づけるのがセラピーかというと、そうではありません。自分にはそのような願望、欲望があるということが分かるのは、まあいいと思いますが、我々が心理療法で扱っているイメージというのは、そのような思い通りになる欲望ではありません。

プロジェクションというのは、自分の思い通りに作っていくものです。しかし、イメージというのは、逆に、勝手に進んでいくところがあって、そこが面白いところです。自分はこう思っているけれども、何か夢を見る、あるいは箱庭を作っていると、全然違うものが出てくる。そうすると、作り物やフィクションではない、もっとリアルなイメージとして自分が変わっていけるところがあるというところが、ものすごく大きな違いだと思います。

それから、そこで出てきたものが現実とぶつかる瞬間がセラピーにはある、という実感があって、その時にはなかなかすごいことが起こります。また、そうでないとだめで、「夢でこう変わったね」ということだけではだめだと思います。

岩宮 学生さんから、ネット上で相談をしようと思ったとき、どんな人かが分からないから、メタバースの世界の中で臨床心理士しかいない場所に自分が入っていって、自分だと知られずに、その中の誰かと相談できるといいと思う、というのを聞いたことがあります。また、そのような学生さんが結構いることを授業中の発言などから感じます。日常と地続きのレベルのストレスなどを抱えた人や、少し専門家に話をきいてもらって改善の参考にしたいと思っている人にはそれはとてもいいと思います。ですが、やはり本当に重い方はオンライン面接では無理だと感じています。また、そういう方はオンライン面接を希望されません。かなり期間が空いたとしても、非常事態宣言が終わるまで待つとか、そのような形でないと無理だという方はおられるのです。そのような方は言葉数が少ないのですが、来られると、100人ぐらい後ろに連れてきておられるのではないかというぐらいの重みがあります。しかし、そういったことは多分画面越しでは分か

りません。ですから、実際に臨場しないと体感できないものもあると感じ
ています。

言葉と物語

　山極　僕は、言葉ができた一番の効用は、物語を作ったことだと思って
います。セラピーのときには、やはりその物語性というのは重要なのでし
ょうか。ゴリラを見ていると、彼らに物語があるとは思えません。言葉が
あるお蔭で、過去・現在・未来というものが生じて、死んだ人をずっと想
うことができます。これは、要するに、不在者を許せる心が言葉によって
生じたのだと思います。死者から受け継がれるものが、連続して自分の生
き方の中に反映されていっているのは、物語性ですよね。そういうものが
生まれたことが、言葉による効用だと思うのです。また、これを離れては
人間は生きられないと思うのですが、セラピーの中で、それについてはど
のように考えられているのでしょうか。

　岩宮　そうですね。いつも思うのですが、「何かの感じ」としか言いよ
うがないものを表すときには、それを物語化して言葉で言わないと伝わり
ません。ですので、不在のもの、目に見えないもの、これと言って短い言
葉では説明しえないものを他者と共有するためには、物語化が必要になっ
てきますし、そのためにたくさんの言葉を使わなければならないのだと思
います。そういうものを何とか理解できる形にして落とし込むためには、
言葉を使った物語がどうしても必要になるのではないかとお話をうかがい
ながら思いました。

　山極　ゴリラにすごく面白いストーリーがあります。ココと名づけられ
たメスのゴリラに手話を教えたパターソン（Patterson, F.）というアメリカ
の心理学者がいました。彼女は、ココだけではゴリラ同士のやり取りを手
話で観察できないので、ココよりも若いオスのマイケルというゴリラにも
手話を教え、ココとマイケルが手話で会話するのを書き取ろうとしました。
ただし、ココとマイケルの間では手話を使わなかったので、その試みは失
敗しました。

　しかし、マイケルが手話を覚えてしばらくして、アフリカで捕まえられ

たときに、お母さんが首を切られて、自分は手足を縛られて連れてこられたという自分の過去を手話で語ったのです。マイケルの心の中には、潜在的な恐怖としてそれが眠っていたのかもしれませんが、言葉を覚えるまでそれは表面化していませんでした。しかし、言葉で語り始めた途端に、何か違うものが甦ってきたような印象を受けたとパターソンは語っています。

　要は、情景として頭の中に入っている記憶を取り出すためには言葉が必要です。それがいかに抽象的なものであっても、状況と結びついている以上、それは感情を伴うので、言葉で再現したときに、ある一つの物語のようなものとなって甦ってしまうということです。

　河合　その話はすごいと思いますが、人間もあまり変わらないように思います。「トラウマ」と言われるものは、何年もセラピーをして、初めてそういうことを思い出したり、語れるようになったりします。しかし、単に思い出しただけなのか、語れるようになったのかの区別は非常に微妙です。あるいは、その人が相手だから話せるようになったのかもしれません。何かそういう強烈なものが分節化されていくというところでは、マイケルとあまり変わらないのではないかと思いました。

　ただ、今氾濫しているのは、物語ではなく情報です。情報と物語の違いというのは、とても大きいのではないでしょうか。そこに自分が入り込んでいる、あるいは何かその中核のようなものとつながっているというところでは、物語というのは非常に意味があると思います。また、そういうものでしか人間はなかなか表現できないところがあるのではないかと思います。

　岩宮　もっとお話をしたいのですが、ちょうど時間となってしまいました。山極先生、本日は長時間にわたって貴重なお話をありがとうございました。

河合俊雄（かわい・としお）………………………………………………………………
1957年生まれ。京都大学大学院教育学研究科博士後期課程中退。Ph.D.（チューリッヒ大学）。ユング派分析家、臨床心理士、公認心理師。現在、京都大学人と社会の未来研究院教授。専攻は臨床心理学。著書に『ユング』『村上春樹の「物語」』『心理療法家がみた日本のこころ』（いずれも単著）『発達障害への心理療法的アプローチ』『ユング派心理療法』（いずれも編著）『発達の非定型化と心理療法』（共編著）、訳書に『赤の書』『分析心理学セミナー1925』（いずれも監訳）などがある。

岩宮恵子（いわみや・けいこ）………………………………………………………………
聖心女子大学文学部卒業。教育学博士。臨床心理士、公認心理師。鳥取大学医学部精神科での臨床を経て、現在、島根大学人間科学部教授、島根大学こころとそだちの相談センター長。専攻は臨床心理学。著書に『生きにくい子どもたち』『フツーの子の思春期』『好きなのにはワケがある』『増補　思春期をめぐる冒険』などがある。

特別寄稿

プレイセラピーにおける共感
ボールを用いたプレイを手掛かりに

高橋　悟

島根大学人間科学部

はじめに

　ロジャーズ（Rogers, 1957/1966）は、共感について「クライエントの私的な世界を、あたかも自分自身のものであるかのように感じとり、しかもこの『あたかも…のように』（as if）という性格を失わないこと」と述べている。またカウンセリング辞典（氏原他編, 1999）で「共感」は、「他者の感情をその人の身になって感じ取り、理解すること」とされており、「他者を外側から眺め、判断するのではなく、相手の立場で感情を感じ、理解することは、心理療法やカウンセリングにおける他者理解の本質」とされている。

　共感は、クライエントが「今ここ」で感じていることへの敏感性であると考えられる。しかし例えば言語レベルの臨床心理面接において、クライエントの語りを聞いて、クライエントの過去の経験に思いを馳せ、その苦労をねぎらったり、困難の中を生きてきたクライエントを受容したりするとき、その前提になるのもまた、共感であると言えるだろう。

　このような捉え方は、プレイセラピーにおける共感についても同様に考えることができる。子どもが展開させる遊びに参加して、セラピストがその子どものこれまでの体験（例えば被虐待体験）に思いを馳せることもあるし、また子どもの過去の経験とは無関係に、「今ここ」で展開される遊びに伴う感情を共にする、ということもある。そして実際のところ、これらは同時に生じることもあるだろう。

　いま挙げたうち後者の、「今ここ」での感情を共に体験するという意味

での共感については、プレイセラピーにおいては特に、言語的な思考としてではなく、前言語的なレベルで感じられる体験であり、情動調律に近いものがあるかも知れない。このような意味で、プレイセラピーにおける「今ここ」での共感は、さして難しい思考を必要としないものであると言える。

孟子「惻隠の心」から

　このような前言語的なレベルの共感について、孟子の一節をもとに考えてみよう。孟子は有名な「惻隠の心」について、以下のように述べている。

> 人皆人に忍びざるの心有りと謂ふ所以の者は、今、人乍ち孺子の将に井に入らんとするを見れば、皆怵惕惻隠の心あり。交はりを孺子の父母に内るる所以に非ざるなり。誉れを郷党朋友に要むる所以に非ざるなり。其の声を悪んで然るに非ざるなり。是に由りて之を観れば、惻隠の心無きは、人に非ざるなり。(宇野, 2019)

　ここで述べられているのは、幼児が井戸に落ちそうになっているときに、その幼児を助けたら両親から謝礼をもらえるかも知れないとか、また助けられなかったら人から非難されるかも知れないなどといったこととは関係なく、人がその幼児のことをかわいそうだと思うのは自然の感情である、ということである。孟子はここから「惻隠の心は、仁の端なり」と述べて性善説を説くのであるが、筆者には、この話は、共感について検討する手がかりを与えてくれるものであるように思われる。

　まず「乍ち孺子の将に井に入らんとする」とあるように、この段階で幼児はまだ実際に井戸には落ちていない。井戸に落ちそうになっている幼児を見て「かわいそうだ」という感情が湧くとき、その前提として、その幼児を見て、「危ない！」とでも言いたくなるような心の動揺があると思われるし、その感情や動揺のベースにあると思われるのは、それを感じる人（観察者）の、身体感覚レベルの共感とでもいうべき認識ではないかと考えられる。

またこのとき、「将に井に入らんとする」幼児本人は、実際に自分が井戸に落ちたらどうなるのかを理解しているかどうかは、定かではないように思われる。従って、「将に井に入らんとする」幼児を見て「かわいそうだ」という感情が湧くとき、その感情は、身体感覚レベルの共感をベースにした、対象自身も把握できていない、近い未来の状態を予測した反応であり、いわば子どもの未来の姿への共感とも言えるのではないかと考えられる。

プレイセラピーは、クライエントとセラピストが身体を用いて遊びを展開させる心理療法であるから、このような、身体感覚レベルの共感をベースにした、対象の近い未来を予測した反応が頻繁に生じ得る。本稿ではプレイセラピー中で用いられる玩具・遊具の中でも、このような反応がとりわけ重要になると考えられる、ボールのやり取りに着目して、そのやり取りにおける体験を検討したい。

ボール遊びにおける「予期的な同調」について

市川（1992）は、筆者が先に「身体感覚レベルの共感」と述べたような概念について、ボクシングにおいてひいきのボクサーの動作を無意識のうちになぞる観衆の例を挙げて、これを「少しおくれて対象の動作をなぞる模倣、というよりは、むしろ対象の志向に感応し、対象の動作を先どりする予期的な同調である」と述べている。そしてこの同調が、「他者あるいは物の内面的理解を可能にし、世界をその表面にそってではなく、その深さにそって理解させる」と述べている。

この指摘を踏まえると、筆者が先に述べた「身体感覚レベルの共感をベースにした、対象の近い未来の姿を予測した反応」は、市川の言う「予期的な同調」に関連するものだと考えらえる。例えば「将に井に入らんとする」幼児を見て「惻隠の心」が生じるのは、それまで続いていた予期的な同調が途切れそうになったことへの反応と捉えられるだろう。

また市川は、先に挙げた「予期的な同調」が「同型的な同調」であるとした上で、その他に、「相手の行動や仕草や表情に同型的に感応し、同調するばかりでなく、それらに応えるという仕方」での同調として「相補的

な同調」があると述べており、以下のように説明している。

　　ボクシングの試合の場合、さいしょはひいきのボクサーの動作に同型
　　的に同調しているにすぎないが、白熱するにつれて、むしろ敵方のボク
　　サーの動作をなぞりつつ、それに応える形で相補的に同調し、ひい
　　きのボクサーの動作を先取りする。ここではひいきのボクサーの動作
　　にたいする同型的な同調と、相手のボクサーの動作にたいする相補的
　　な同調が、たえまなく交替し、入り交い、あるいはまれな瞬間にだが、
　　一致している。（市川, 1992）

　この２つの同調のうち、「同型的な同調」については、例えば箱庭療法
で、治療者が作り手の制作を見守る場合に、生じている可能性があるよう
に思われる。しかし、プレイセラピーにおけるボール遊びでは、例えばセ
ラピストがクライエントのサッカーのリフティングを応援しながら見守る、
といったことはあるかも知れないが、ボールのやり取りが生じてきたなら
ば、セラピストがクライエントの純粋な観察者になることはほとんどない。
従って、プレイセラピーにおけるボール遊びにおいて生じるのは、基本的
には相補的な同調であると思われる。
　例えば、クライエントとセラピストがプレイルームでバドミントンをし
ている場面を考えてみる。両者を隔てるネットはない状態で、クライエン
トとセラピストがバドミントンのシャトルを打ち合っているとしよう。シ
ャトルは山なりに両者の間を行き来している。その中で、セラピストが山
なりだが少し長めにシャトルを打ち、そのシャトルに対してクライエント
がシャトルを持つ手を肩より上に上げて振りかぶろうとする姿勢に入った
とする。セラピストはそのクライエントの動きを認識すると、クライエン
トがスマッシュを打とうとしているのだと予測し、膝関節を従来よりも屈
曲させ、踵を上げてやや前傾姿勢になるなどして、早いショットを待ち受
ける態勢になるだろう。これが相補的同調による反応である。

「相補的同調」の前提となる「同型的同調」

　しかし市川が、２つの同調が「たえまなく交替し、入り交い、あるいはまれな瞬間にだが、一致している」と述べているように、ここで挙げた反応は、純粋な「相補的同調」ではない。

　水口・彼末（2014）は、Aglioti et al.（2008）が、他人がおこなうバスケットボールのフリースローの成功の可否の予測実験を行い、プロバスケットボール選手が高い正答率を示す結果を示したことについて、彼らがミラーニューロン・システムを利用していると推論した研究を紹介している。この研究について、西村（2019）は、「選手たちは、行為者（スローワー）の動作を身体的にシミュレートし、共感を感じれば成功を予測し、違和感を感じれば、失敗を予測している」と述べている。

　この結果を、同調という概念を用いて捉え直すならば、選手たちは、行為者に同型的な同調をして自分の経験にある身体感覚と照らし、成否にかかわる違和感を受け取っている、と考えられる。そして、このようにして同型的な同調をしていた観察者が、もしプレーヤーとしてゴール下にいるならば、相補的同調により、リバウンドのボールが落ちてくることを予期していち早く動き出すだろう。このように考えると、先に挙げたバドミントンの例において、セラピストの側に相補的同調だけではなく、同型的同調も生じていると考えられる。

　そして、クライエントの意図がシャトルをセラピストの足元に叩き落すものであったとしても、セラピストはクライエントの振りかぶる姿勢に同型的に同調し、自分の顔付近にシャトルが飛んでくると予期することもあるだろう。その結果としての相補的同調としての反応は、クライエントが意図した未来とは異なる未来を予期したものになっているかも知れない。これは、観察者に惻隠の心を催させた、「将に井に入らんとする」幼児本人は、その段階では予測し得なかったかも知れないのと同様である。このようにして、プレイセラピーにおけるボールのやり取りでは、同型的な同調と相補的な同調が錯綜する中で、お互いが、お互いの近い未来に共感的に予期し合うことになる。

　もちろん、先に述べたような態勢をとったからといって、セラピストが

実際にクライエントのスマッシュを返せるとは限らない。しかし打ち込まれたシャトルをセラピストが返せるかどうかにかかわらず、クライエントはこのとき、共感と同調をベースにして、近い将来を予測しながら動く他者との関係性を体験することになる。このときセラピストは、現に飛んできたシャトルにただ反応したのではなく、クライエントの振りかぶる姿勢から、クライエントの内面で働く意志をも感じ取って反応したのである。従って、セラピストのこの反応は、クライエントにとっては、きれいにレシーブしてもらって気持ちよい、という結果になったにせよ、また逆に地面に叩きつけてやろうと思ったのに拾われて（触られて）悔しい、という結果になったにせよ、セラピストに自身の内面を察され、触れられる（触れられたことを自覚する）体験になり得る。このように考えると、上記の例として挙げたやり取りは、クライエントにとって、セラピストが上述の態勢を全くとらずに棒立ちで、ただシャトルが叩き落された場合とは、全く異なっていることが分かる。

　このようにしてプレイセラピーにおけるボールのやり取りでは、セラピストとクライエントがお互いに予期的に同調し、お互いのまだ実現されていない近い未来を思い描くことになる。このようなセラピストのあり方や、セラピストとの関係は、プレイセラピーにおけるクライエントの変容の素地となっているように思われる。

滝口道則に求められたこと

　ここまで述べたボールのやり取りは、市川が言う「予期的な同調」により対応が可能なケースであった。しかし、すでに述べたように、プレイセラピーにおけるボールのやり取りでは、予期的な同調では対応し切れない場合も生じ得る。それは例えば、クライエントとセラピストが至近距離でドッジボールを行う際、お互いに渾身の力でボールを投げつけ合ったり、あるいはサッカーのPK戦をして、クライエントが思い切りボールを蹴ってきたりする場合などである。当然のことながら、一般的にはプレイルームやセラピスト自身の危険が避けられないと判断した場合はそのプレイを止める必要があるが、その基準はセラピストごとに、またクライエントと

セラピストの関係によって異なってくる。筆者は、危険であるとは認識しつつも、そのようなボールの投げつけやキックを行うことがプレイセラピーにおいて必要であり、何らかの対応が可能だと判断できれば、極力それを止めないようにしている。

クライエントが渾身の一撃を放つ瞬間、筆者はボールに意識を集中し、やってくるボールに対応すべく、その場に身を投げ出す。このときの体験は、どのようなものなのだろうか。

唐突に感じられるかも知れないが、筆者は、このときの体験は、宇治拾遺物語の百六段「滝口道則、術を習ふこと」における滝口道則の体験に通じるものがあるのではないかと考えている。滝口道則は、陸奥へいく途中で人の男根を取り外すという奇術を行う郡司に会い、その後、その術を自分も身につけたいと郡司に希望する。道則は郡司に指示され、身を清めたうえで山に入り、大きな川が流れるところで、「その河上よりながれこん物を、いかにもいかにも、鬼にてもあれ、なににてもあれ、いだけ」(高橋・増古, 2018) と言われる。

結果的には、道則はこのときにやってくる大蛇を抱きとめることができず、2度目の挑戦で成功するも、そのために願った術を身につけることができなかったのだが、筆者はボールを待ち構える際、道則が言われたように、どんなボールであれ、とにかく、それに応対するのだ、という決意で臨んでいると認識している。ここまで述べたことから、そのような態度で臨むことが、クライエントに対して共感的にかかわることのひとつの方法であると考えられる。

ところで葛綿 (2021) は、このとき道則が抱きとめるよう求められたものは、「長谷寺利生譚の藁しべのようなものといえる」と指摘している。ドッジボールにおけるボールの投げ合いは、投げ手と受け手が次々に入れ替わる。また、まれにではあるが、セラピストにキッカーをさせ、「思い切り蹴って」と求めるクライエントがいる。このようなとき、道則が奇術を身につけるという自身の変容を目指したときに求められたものと同様のイニシエーションを、クライエントが求めていると捉えることができるかも知れない。実際にセラピストが「思い切り」蹴るかどうか、蹴らないな

らどのようなボールを蹴るのかはケースによるだろう。しかしいずれにせ
よ、そのボールは、クライエントにとって重要なボールになると思われる。

ボールのやり取りにおける、ボールへの共感

　先に筆者は、予期的な同調が困難なボールに対して、「どんなボールで
あれ、とにかく、それに応対するのだ、という決意」で臨んでいると述べ
た。しかしこれは、全く無謀に自分の身をさらすということではない。そ
れは、以前筆者（高橋, 2022）が述べたように、自身の対応可能な範囲を
把握しながら、自他の予測を超える動きをするボールに対して、「能動的
に身を投げ出す」とでも言うべき姿勢で応対していると説明できる。

　西村（2019）は、剣道における「捨て身」について、「『あとは野となれ
山となれ』というような射倖的なものではなく、あくまでも同型同調によ
る『読み』という勝つための冷静な判断に基づいたものにほかならないも
のなのである」と述べている。筆者には、自身が対応する際の姿勢が、こ
のようにして説明される「捨て身」に近いものであるように感じられる。

　このように、プレイセラピーにおけるボールのやり取りでは、クライエ
ント自身にも完全にコントロールすることができない、従ってセラピスト
がクライエントの意図を完全に読んだとしても完全には予測不可能なボー
ルへの応対が求められる。従って、同型的なものであれ、相補的なもので
あれ、クライエントに対する同調には限界がある。この限界に突き当たっ
たとき、「どんなボールであれ、とにかく、それに応対する」ということ
は、結局のところ、ボールに同調して動く、ということになるように思わ
れる。

　諏訪（2020）は「間合い」研究において、野球のバッティングの間合い
について検討しているが、その際、「第一の間合い」を「投手の身体の並
進運動のエネルギーを『借りて』バックスイングの体感を高めること」だ
とする一方、「第二の（球との）間合い」について、「リリースされた球の
エネルギーを『借りて』、自分の着地の力強さやスイングの鋭さを生み出
すよう、身体を操るということ」と述べ、この第二の間合いを、「身体が
球を相手にして築き上げる共感的関わりのことかもしれません」と述べて

いる。

　目の前のクライエントが、渾身の力でボールを蹴ってくるとき、あるいは変化球を投げると予告して思いきり振りかぶったとき、もはや、ボールはどこに飛ぶのか予測は困難であり、そのボールを待ち構えるセラピストは、とにかく放たれたボールがどこに飛ぶのか、ということに注意を集中せざるを得ない。このときセラピストは、前提としてクライエントに同調しながら、いざボールが放たれたならば、極めて短時間のことではあるが、そのボールに同調するということをしているように思う。諏訪の指摘を踏まえると、このようにしてお互いの間をボールが行き交うとき、お互いが相手の放つボールへの共感を通して、相手のエネルギーを体験しているとも言える。

　このように考えると、例えば箱庭に置かれたミニチュアに共感したり、クライエントが語る夢の中の夢自我に共感したりするのと同様に、プレイセラピーにおいては、クライエントが放つボールに対する共感が生じ得ると言える。先に述べたように、このとき一方の者は、他方の者に対する同調をベースにしつつも、ボールが放たれたあとは、純粋にボールとの関係において動くことになる。このときセラピストは、純粋にそのボールに共感し、応対する形で、クライエントの思いが込められたボールを受け取ることになる。このようにしてボールが行き交うとき、プレイセラピーにおけるボールのやり取りは、治療的な意味を持つのではないかと筆者は考えている。

文　献

Aglioti, S. M., Cesari, P., Romani, M., & Urgesi, C. (2008). Action anticipation and motor resonance in elite basketball players. *Nature Neuroscience*, 11(9), 1109-1116.

市川浩（1992）．精神としての身体　講談社学術文庫

葛綿正一（2021）．宇治拾遺物語を読む　翰林書房

水口暢章・彼末一之（2014）．トップアスリートの身体運動解析　進化する運動科学の研究最前線（アンチエイジングシリーズ４）　NTS　pp.133-141.

西村秀樹（2019）．武術の身体論——同調と競争が交錯する場　青弓社

Rogers, C. R. (1957). The necessary and sufficient conditions of therapeutic personality

change.（友田不二男（訳）(1966).　パースナリティ変化の必要にして十分な
条件　ロージャズ全集 4　サイコセラピーの過程　岩崎学術出版社　pp.117-140.)

諏訪正樹 (2020).　タイミングを合わせる──野球の打者の間合い　諏訪正樹（編著）「間合い」とは何か──二人称的身体論　春秋社　pp.33-54.

高橋貢・増古和子 (2018).　宇治拾遺物語（下）　全訳注　講談社学術文庫

高橋悟 (2022).　ボールの心理臨床──プレイセラピーにおけるボールのやり取りをめぐる体験からの探究　創元社

氏原寛・小川捷之・近藤邦夫・鑪幹八郎・東山紘久・村山正治・山中康裕（編）(1999).　カウンセリング辞典　ミネルヴァ書房

宇野精一 (2019).　孟子　全訳注　講談社学術文庫

オンラインでの心理面接と共感力について

足 立 正 道
足立分析プラクシス

1　はじめに

　コロナ禍とともに我々心理臨床家の業務にオンラインの波が日常的に入り込んできている。この小論は、このことに応じて生じているいくつかの問題点に対してどのような受け止め方ができるのかについて分析心理学を基に多角的に考察する試みである。特に共感力への影響についても議論してゆきたい。

　現在、オンライン肯定派、否定派、どちらでもない派、様々な立場の方に出会うとしても、その根拠となる考え方は様々であろう。たとえば、肯定派の2人が出会ってもまったくその根拠となる考え方が互いに大きく異なってしまっていて、議論がかみ合わないことすらあるだろう。逆に肯定派、否定派の2人がよって立つ基盤を共有していることもあるであろう。この小論では、どちらの立場かにこだわることなく、オンラインでの心理面接をめぐる考察を通して心理臨床の本質の一片がそこから浮かび上がることを期待して議論を進めてゆきたい。またその際に、音楽演奏や禅の修行の実践を参照することによっても理解を深めてゆきたいと思う。

2　コロナ禍のはじまりと国際分析心理学会の調査結果

　多くの人にとって、令和2年の2月にダイヤモンド・プリンセス号のニュースに触れたことが、コロナ禍の不安を体験する最初の入り口だったのではないだろうか。その後船員、乗客の多くに感染が認められ、14人が亡くなられるに至っている。筆者の手帳を見ると、2月中旬に集中講義のた

めに県をまたぐ移動をしており、コロナ禍の本格化の前に辛うじて現地に身をおいての対面授業が成り立っていたことがわかる。筆者が初めてパソコン上の通信ソフトを用いて実際にオンラインの臨床的なセッションを持ったのは3月下旬であり、またグループスーパービジョンの出席方法についても、3月中には遠方の出席者に対してズームによるオンラインでの出席を勧める発言もしていたので、筆者の場合は比較的積極的にオンラインを取り入れ始めていた方なのではないかと思われる。

　そんな中、国際分析心理学会（IAAP、当時の会長：河合俊雄氏）は、同年5〜6月の期間にユング派の分析家を中心とするその学会員を対象として、オンラインに伴う臨床の実態に関する調査を行っている（IAAP, 2020）。未曾有の事態における世界規模の貴重な調査資料であり、内容も興味深いので一部結果を紹介したい。第一に目を引いたのは、オンラインに対する寛容である。89％の回答者がオンラインでの分析の面接を是としている。そのような寛容が認められつつも、オンラインと従来の対面での面接体験の違いを何らかの形で感じている人は93％にのぼることもわかった。さらには、オンラインの問題点を詳しく掘り下げる質問項目もあり、例えば、身体的近接性の欠如、すなわち面接中に物理的に近くにいることを感じられない点を問題に感じているかどうか、について多くの人が問題だと感じていることが分かった。深刻な問題として受け止めている人は25％であり、やや問題と受け止めている人は49％であり、合わせると74％となる。逆に、問題に感じていないと答えた人が4人に1人の割合でいる点も注目に値する。オンライン面接中に一旦集中してしまうと、身体的な距離は気にならなくなる人も一定数いるとも受け止められる結果であり、ある意味で新鮮である。この点については、後ほど考察を試みたい。さらには、転移・逆転移について、オンライン面接では取り扱えないと答えたのはわずか5％であった。オンラインであっても、面接内で転移・逆転移と考えられるような情緒反応を確認し、面接内でそれと向き合う作業に何らかの形で取り組めたという体験をもつ人が多かったと考えられる。こうした、国際分析心理学会の分析家たちの所感の傾向も踏まえつつ、以下に議論し私見を述べてゆきたい。

3 救世主としてのオンライン

　特に強毒性であったデルタ株までのパンデミックにおいて、我々は安易な接触を避ける努力を求められる状況を迎えたわけだが、そのようなときに、オンラインという技術的な方法が可能なおかげで面接が続けられること自体が大きな救いと感じられた。筆者の相談室では、ほぼ半数の来談者がオンライン面接を希望され、逆に半数は直接の来室を希望された。

　感染リスクの生じる機会として、相談室への移動の往復、相談室内での長時間の滞在が考えられた。面接室は閉じられた比較的狭い空間であって、そこに50分間一定の至近距離で対面せざるを得ない。場所を提供する臨床家側の配慮すべき問題は多岐にわたり、例えば換気、椅子と椅子の距離に神経質になったものである。リスクと対応のバランスがわからず、初期には継続的な面接ができなくなることもありうる、という覚悟も必要であった。筆者自身も、当初は個人心理療法、個人スーパービジョンを2週間ほど休止する期間をつくった。そういった状況において、電話面接に加えて、テレビ電話形式のコミュニケーションを可能にするアプリケーション、ソフトウェアを用いることで、パソコン、スマートフォンの画面越しに面接ができることを確認し、いわば急場しのぎにこの方法によって継続を確保していったわけである。ただ、翻って考えてみると、この段階では、オンラインか直接の対面か、という選択の問題よりも、命をも脅かすような世界情勢の大きなうねりを他人事ではなく、自らのこととして体験している人間同士の共同という側面がより大きな文脈として継続のあり方を規定していったようにも考えられる。直接の来室が望ましいのは当然のことであるが、ただ、当時の状況はオンラインのマイナスを吟味して議論することが空々しいような状況であったこともまた事実である。直接の来室であろうがオンラインであろうが、面接しているときに、ひたひたとこれまでに体験したことのないような不穏な波音が自分と来談者を包む空間に聞こえてくるかのように感じたものである。そしてオンライン、直接の来談のどちらかを問わず、それをどのように受け止めるかというテーマが陰に陽に話し合われるセッションを持つこととなった。

4　コミュニケーションの位相——面接室に何人いるのか

今回のパンデミックにおいて、我々は様々な新しい事柄に直面しているが、常に自らの心理療法の本質についての理解を問い直すことで乗り越えようとしているのではないだろうか。この小論のテーマである直接の来室とオンラインの違いと、共感力という事柄についても、試行錯誤の体験の中で我々は何らかの心理療法の本質について理解を深めてゆきたいところである。ここではまず手掛かりを得るために、心理療法の面接室におけるコミュニケーションの特徴について考えてみたい。奇妙な質問にはなるが、そもそも面接室には何人「人」がいるのだろうか。普通に考えれば心理療法家と来談者の2人である、という答え以外ありえないということになる。しかし、いわゆる深層心理学に開かれた人間であれば、次のような比喩的な図式もリアリティをもって吟味できるであろう。すなわち、心理療法家と来談者は面接の場面で同時に各々の「無意識」を引き連れて来ていて、全部で4人いるという図式である。心理療法家Aと心理療法家の無意識a、それから来談者Bと来談者の無意識bを考えると、A、a、B、bの4人が登場することになる。もちろん、これは乱暴な図式にすぎず、ただ理解しやすくするために「引き連れる」などと書いたが、本当は不適切な表現である。我々の意識と無意識の関係は、心理学者ごとにその理解がずいぶん異なっているわけで、後ほどあらためて詳しく議論していきたいと思う。いずれにせよ、心理療法の面接時間内に2人が会話をしているというイメージと4人が会話をしているというイメージではずいぶん違ってくる。

2人によるコミュニケーションの図式では、2人の間に通路が一つ見られるのみである。ところが、この4人の図式では全部で6本の通路を考えることができる。①A－B、②A－a、③A－b、④B－a、⑤B－b、⑥a－bの6本の通路である。これを手掛かりとして、面接室で生じているコミュニケーションについて、少し細かく光を当ててみたい。

一般に考えられている心理療法場面のコミュニケーションは、もちろん心理療法家と来談者の間のことである（A－B）。しかし、深層心理学的には、心理療法家は自身の無意識とも会話をしているし（A－a）、意図するしないにかかわらず、来談者の無意識に働きかけたり、その逆に来談

者の無意識から影響を受けたりもしているのである（A－b／A－a－b）。いくつか例を挙げてみたい。心理療法家は自身の口から出た言葉を聞いて落ち着かない感覚を身体的に味わうことがあるかもしれない（A－a）。また心理療法家の特定の言葉が、来談者の無意識を活性化させることがあろう。面接室では文字通りに受け取ったつもりの来談者が、家に帰って1週間過ごす中で、心理療法家の言葉の奥行に思い当たることも珍しいことではない。来談者がたとえそれを意識的に吟味しなくても、無意識自体がそれを吟味、咀嚼していることは十分あると思われるのである（A－b／A－B－b）。

　また、来談者に視点を移してみても、同様に、来談者は自身の無意識と対話をすることがあるし（B－b）、また心理療法家の無意識に働きかけることもしている（B－b－a／B－a）。

　難しい来談者の場合によくあるが、面接中にセラピストとしての自分がものすごく悪い人間であるかのような気分や、駄目セラピストであるかのような気分に支配されてしまうことがある。それに気づける場合はいいが、気づけずに安易に謝ってしまったりすると厄介な展開になることがある（A－a－b）。逆に面接中にセラピストが救世主の役割を演じさせられそうになることもある。こうした極端に上げられたり下げられたりする現象は、こうした通路を考えるとわかりやすいかもしれない。

　さらに重要なことに、実は無意識と一言で言ってもその奥行きを考えるときに、aやbといった単一の様相を示すかのような表現の限界を考える必要がある。先に述べたように、無意識の概念は個々の心理学者によって異なるが、それに応じて上述の図式の持つ意味合いも、相当に異なった様相を示すことになる。もっと言えば、上述のいくつかの例はいわゆる抑圧モデルの範囲でも受け止められるものであるが、分析心理学のより大きな文脈においては、今回のようなテーマを吟味する場合、そこから大きく逸脱する議論も可能となるし、また必要ともなる。

5　誰が誰を癒すのか

　分析心理学の臨床においては特別に夢が大切にされるが、これは他の心

理学には見られない特徴としてよく知られている。同様に、箱庭、描画と
いったいわゆる技法におけるイメージ体験も大切にされる。なぜそうなの
だろうか。これは、分析心理学の無意識の概念の特殊性に関係している。

　一般には心理療法家が来談者を癒す（A − B、A − b）という図式がイ
メージされることであろうが、ユング派心理療法を学んだことがあれば、
心理療法家はいかにアクティブであってもあくまで黒子であって、来談者
の自己治癒力の展開する条件を尊重するというイメージを持つことと思わ
れる。セラピーという言葉の語源をたどると、「仕える」とか「奉仕」と
いう意味に行きつく。このとき、抑圧モデルを克服するモデルとしての B
− b を認める必要に改めて気づく。b は取り除かれる、あるいは B に置き
換えられるべきものではなく、むしろ B を癒すために主体的に働きかけ
るものとして信頼されるのである。整理すると、真の癒しの力の源を A、
B の水準ではなく、a、b の水準に見るのが分析心理学の特徴である。と
はいえ、B が b からの癒しの働きかけにどのように応じるのか。そこはあ
くまで B の責任、主体性に任されている。

　心理療法の「枠」はこの B − b の通路を開く強力な力を備えている。
ただ、開くことが最終目的ではなく、その後に始まる B と b の対話、ダ
イナミズムを尊重して根気強く見守る役割が本来心理療法家に期待される。
次に禅のトレーニングを参照することでさらに理解を深めたい。

6　禅のトレーニングにおけるコミュニケーション

　禅のトレーニングの方法として鈴木大拙が大別して二つのメソッドがあ
ると言っている（鈴木, 1987, 第 5 章）。一つを「直接的方法」といい、他
方を「間接的方法」としている。後者の例としては、考案という言語的素
材を介して老師と弟子が対話する場合が紹介されている。例えば「片手の
声を聞け」という考案は、我々の通常の意識からすると荒唐無稽な表現に
しか見えず、文字通りに聞くと非合理の迷路に入り込む。具体的な老師と
弟子の考案をめぐる対話の記録を見てもどうかみ合っているのかわからな
いシュールなやり取りに見える。次に、前者の例としては、老師が文脈を
飛び越えたアクションを起こして修行僧をいわば袋小路ともいえるような

状況に敢えて陥れる逸話が語られている。いわばイニシエーションの機会の設定のようなものかと思われる。これら二つのメソッドはともに言語以前のコミュニケーションに基づいているものと思われる。考案を介した対話で交わされる「言語」ですらも、言語以前のコミュニケーションの氷山の一角のように思われるのである。そこでは、A－B以外の通路が言語以前のコミュニケーションに開かれていて、心理療法の場合と同様、自己治癒力そのものとしてのaやb（それは仮にたましいと呼んでもよいものかもしれないが）が展開するように老師のこころは黒子としてアクティブに働いて弟子を導くように思われる。

　いずれにせよ、禅の老師と修行僧の間のコミュニケーションは、A－a－b－Bという迂回（detour）を特徴としているように見える。というのも、A－Bの通常の言語的コミュニケーションをあえて遮断するような営みに見えるからである。そしてまた、a－bの水準のコミュニケーションの特徴として言葉を必要としないという特徴のみならず、同時に禅の「無心」の説明にあるように、時空の超越や無限という特徴も考え合わされるべきと思われる。

　さてずいぶん前置きが長くなってしまったが、上述のような視点をもってオンラインと直接の来室の違いについて眺めてみると、次のようなことが浮かび上がってくる。すなわち、A－Bという水準では、さまざまにそれら2条件での違いについて議論できることは間違いないが、a－bについては、どちらの場合も違いはないということである。もちろん、オンラインのマイナスの側面は今後様々に議論されてしかるべきであるが、自己治癒力としてのbはそのマイナス面すらも利用することと思われる。このような表現をしてしまうと、元も子もないと言われそうであるが、オンライン面接をする上で、このような視点は大きな安心感につながることと思われる。もちろん、自己治癒力としてのbはBやAの希望に沿う魔法使いではなくて、a－bの水準のロジックに従った結果しかもたらさない。心理療法家はそうしたロジックにこそ開かれていたいと思う。次に共感力について考察してみたい。

7　共感力の位置づけ

　共感力についても、誰の誰に対する共感が問題になっているのか、とい
う問いを立てると、先の4人のモデルに沿って様々に考察できる。また、
同時に心理療法全体の中での共感力の位置づけも考えてみたい。

　例えば、A－Bの共感とA－bの共感はどのように同じで、どのよう
に異なるのだろうか。事例によってずいぶん異なるはずである。心理療法
家はバランスよく両方について共感力を備えている必要がある。A－B
についての共感力が優れていても、A－bについて疎かであれば、バラン
スが悪いことになる。すなわち、共感の通路の問題以前に、共感力のバラ
ンスの良さ、豊かさ、成熟の問題がある。その基盤としてはイマジネーシ
ョンの能力が決定的である。共感力のバランス、イマジネーションを豊か
にする方法は、と聞きたくなるが、ハウ・トゥーはなく経験を通して学ぶ
としか言えないだろう。その「経験」の質がオンラインという条件により
どのように影響を受けるのかは今後ますます議論されるべきものであろう。

　さらに、心理療法の文脈における共感力の位置づけについては、共感力
の源泉が自然治癒力としてのa、bの水準にあって、bの自己内省の自律
的な流れの一部に我々が関与させてもらえることがあり（例えばb－a－
A－B－bという迂回の一部）、それを共感と呼んでいるのではないかと
も思われる。そして我々のイマジネーションの器の豊かさ如何に応じてそ
の流れの質やルートが変化する、と考えてみることも有益と思われる。

　近年オンライン会議のみならず、SNS等のライブ機能やメタバースと
いったインターネットを介した新しい対人接触の機会が増えていて、若い
年齢層になるほどその新しい経験の量が増えることが予想される。先の国
際分析心理学会の結果でも年齢ごとの分析がされていて、年齢層に応じた
そのような差が見て取れる。また先に触れなかったデータであるが、スー
パービジョンについてはオンラインを是とする分析家は65％にとどまる。
候補生は対面でスーパービジョンを受ける経験を通して自身が将来心理療
法家として働くイメージを形成するであろう。その影響力を考えると、オ
ンラインによるスーパービジョンではイマジネーションに偏りのある心理
療法家を生み出す危険も想像され、そのような思いが結果に表れたと見る

こともできる。ただだからといって、共感力が育たないと言い切るのも誤りであろう。オンラインでの対人接触を多数経験することにより、逆に直接会えることの貴重さをこれまでとは違う形で実感することができ、コミュニケーションを大切にする新しい学びが得られるケースも多いのではないかと思われる。そうした経験を通してより深く対人関係を心に刻むことがあれば、それはイマジネーションを耕すことにつながると思われる。

8　結語

　今回オンライン面接と従来の面接の違いとそこでの共感力というテーマを考え始めた時、2人のピアニストのことを思い出した。ウクライナ生まれのロシア人リヒテルとカナダのグールドである。どちらも時代を代表するピアニストであるが、互いに対照的な面を持っている。リヒテルは、ホールでの聴衆の前での演奏にこだわったことで知られている。彼の大量の録音の記録はほとんどが演奏会の生演奏の記録であって、聴衆の咳払いを始めあらゆる当日の会場の音を拾っている。他方、グールドはスタジオでの録音にこだわった人である。スタジオで1人で演奏し、その場で聴衆と音を共有しないスタイルである。そのグールドが聴衆の1人としてリヒテルのホールでの演奏を聴いて絶賛し、それに対してリヒテルが後日コメントした記録も残っていて興味深い。

　グールド（Gould, 1999）の分析によるとリヒテルの演奏は、彼と楽譜が直結している幻想を生み出し、それに応じて聴衆は演奏に関与するというよりも「音楽そのもの」に関与している感覚を獲得するのを助けるのだという。リヒテルに対して対照的な演奏家として楽器との関係に焦点を当てるヴィルティオーゾを取り上げてもいる。

　夢や描画や投影法検査の結果は、自己治癒力の源であるa、bの水準が関与しない限りただの意味の分からない言葉や線や数字であろう。音楽もそうしたa、bの関与があってこそ音楽となる。別の言い方をすると、a、bへの信頼、a、bの働きについての信念がない者にはそうしたパースペクティブが得られず味気ない素材のままである。

　つまり、音楽は音そのものではなく、人は音楽に無音のa、bをこそ

「聴い」ているのであろう。心理療法は決してテクニックではないという
ユングの表現もあるが（Jung, *CW* 10, par. 333）、リヒテルの音楽が奏者の
個人的感情の吐露ではなくたましいの「物語」（自己内省）であることの
理解を助ける表現と考えられる。再び誤解を恐れずに図式的な表現をすれ
ば、リヒテルの演奏においてはA－Bではなく、A－a－b－Bの通路
が開かれる。すなわち、自然科学的な法則とは異なる、a、bの水準のロ
ジックの結果としての音と理解できる。

　抑圧モデルに従うと、彼の音楽はリヒテルの個人的なコンプレックスの
置き換えということになるであろうか。例えば、リヒテルがソヴィエト時
代にドイツ人の父親を政治的な理由で殺害された経験を持っているという
情報に触れると、聴き手はついつい奏者の個人的な感情が音楽の根っこに
あるかのように、ファンタジーを形作ってしまう。実際のところは聴き手
側が勝手に投影している面が強い。これは、我々に聴こえているものの本
質が別の水準にあって音は結果でしかない、という理解とは異なっている。

　グールドとリヒテルは演奏の録音方法は違えども、「音楽そのもの」を
理解している。インドの神話のクリシュナという神は、「人間がどの様に
アプローチしてきても、私は受け入れることができる。それは、その人間
がやってくる道がすべて私の物だからである」と語ったという。真の癒し
に到達する道筋は一つではないということを伝えているようにも思われる。
国際分析心理学会の調査で身体的近接性の欠如に問題を感じないと回答し
た4人に1人はこうした理解を得ようとしているのかも知れない。

文　献

Gould, G. (1999). *The Art of Glenn Gould: Reflections of a Musical Genius*. Toronto: Malcom
　　Lester Books.
IAAP (2020). Questionnaire to the membership: The use of online telecomunications by
　　IAAP members. https://mcusercontent.com/733a6a9e0ca06919403956a5c/
　　files/6c417e83-438f-47e4-9dfb-91fe5eda31b9/2020_iaap_survey_on_online_analysis_
　　and_supervision_1_.pdf
Jung, C. G. (1934). The State of Psychotherapy Today. *CW* 10.
鈴木大拙　工藤澄子（訳）(1987). 禅　ちくま文庫

『葬送のフリーレン』から共感を考える

川部哲也

大阪公立大学

1　人間に共感できないフリーレン

> …人間の寿命は短いってわかっていたのに……なんでもっと知ろうと
> 思わなかったんだろう…

　これはマンガ『葬送のフリーレン』に登場する主人公の魔法使いフリーレンの台詞である。本稿では、この印象的な台詞を出発点に、この作品をテキストとして、「共感」というテーマを臨床心理学的に考えてみたい。このマンガは、山田鐘人（原作）とアベツカサ（作画）によって、2020年から連載を開始した作品であり、本稿執筆時点（2022年12月）で単行本9巻まで発行されている。2021年にはマンガ大賞を受賞しており、読者は多い。魅力のひとつに、物語の始まり方の独特さがある。通常のファンタジーの物語であれば、魔王を倒すための旅を描くだろう。しかしこの物語は、既に魔王を倒し世界が救われたところから始まるのである。

　魔王を倒したのは、勇者のヒンメル、僧侶のハイター、戦士のアイゼン、そして魔法使いのフリーレンである。世界に平和が訪れ50年が経過し、勇者ヒンメルは寿命が尽きて亡くなる。その葬儀のシーン。参列者たちはフリーレンを見て陰口をたたく。彼女は少しも悲しんでいなかったからである。「悲しい顔一つしないなんて、薄情だね」。その言葉に対し、フリーレンは言う。「…だって私、この人の事　何も知らないし…」「たった10年一緒に旅しただけだし…」。フリーレンの姿（図1）を見るとわかるよう

図1　勇者ヒンメルの葬儀で涙するフリーレン（1巻, 第1話）

のである。人間に共感することができないフリーレン。しかしここでフリーレンの目から涙がこぼれた。そこで冒頭の言葉が語られるのである。

　彼女の涙は、後悔の涙であろう。人間の寿命はエルフに比べてはるかに短い。そのことを頭ではわかっていたのに、今になって初めて、人間を知ろうともしなかった自分に対して後悔している。そしてフリーレンは「私はもっと人間を知ろうと思う」と言い、一人、旅に出る。これがこの物語の第1話の内容である。ところで、この物語は「後日譚ファンタジー」と紹介されることが多い（単行本の裏表紙や少年サンデー公式サイトにおいてそのように紹介されている）。しかしこれは本当に「後日譚」なのだろうか。仮に勇者ヒンメル一行が魔王を倒したことを「英雄譚」と位置づけるならば、50年後を「後日譚」と呼んで構わないだろう。しかし、フリーレンの立場に立ってみると、「英雄譚」の時点では、彼女は人間を全く理解していなかったし、理解しようともしていなかった。そんな彼女が、人間への共感が全く欠如していた自分を強烈に自覚したこと、そして後悔の涙を流し、人間を知ろうと決意した。この瞬間は、フリーレンにとって共感へのプロセスのスタート地点であり、真の「旅の始まり」と呼ぶべきではないだろうか。「後日譚」よりは、大切な物語の始まりというほうが筆者にはしっくりくる。

2　エルフの時間と人間の時間

　このようにしてフリーレンは、人間を知ろうと旅に出た。しかしよく考

えてみると、異なる種族に対し、共感することは容易ではない。私たちは同じ人間であっても異なる国や異なる文化をもつ相手に対し、自然に共感することは難しい。ましてや異種族である。エルフが人間に共感しようと決意すること自体が、とても珍しく異例のことであるといえよう。なにせ、エルフの時間と人間の時間は体験のされ方が大きく異なる。作中でフリーレンは1000年以上生きていることが示されている（3巻, 第22話）が、外見は少女のようであることからまだ若いと推測される。エルフの寿命がどの程度の長さであるか、作中で明らかにされてはいないが、仮にエルフの寿命を人間の100倍と想定してみると、10年間のもつ重みがまったく異なることが計算できる。人間にとっての10年間（3650日）は、エルフにとってはその100分の1の重み、つまり36.5日程度となる。人間にとっての1ヶ月ちょっとである。例えるなら1ヶ月くらいで転校していった転校生くらいの感覚かもしれない。「この人の事、何も知らない」と思うのも無理はない。このように、エルフにとって人間はすぐに死んでしまう存在であり、深く知ろうとする対象ではなかったと考えられる。エルフが人間に興味をもてないのは当然のことである。だからこそ、人間を知ろうと決意したフリーレンには何か例外的なことが起こったといえる。しかも涙を流して。なぜフリーレンにこのような激しいこころの動きをもたらしたのだろうか。答えは物語が進むにつれて、徐々に明らかになってくる。

3　勇者一行の思いを継承する者たち

　フリーレンは旅の途中で、共に冒険する仲間が2人加入し、3人になる。魔法使いのフェルンと、戦士のシュタルクである。魔法使いフェルンはかつての仲間であったハイターによって救われた孤児の少女であり、死を目前にしたハイターの頼みで、フリーレンの弟子となった。戦士シュタルクもまた、かつての仲間のアイゼンの弟子である。この新しい世代の仲間2人は、フリーレンにとって、かつて行動を共にした勇者ヒンメル一行の思いを継承する存在であると考えられる。この世代交代を図に示すと、図2のようになる。この図で目を引くのは、勇者ヒンメルの座が空位になっているところである。一時的に3人でないこともある（シュタルクと出会う

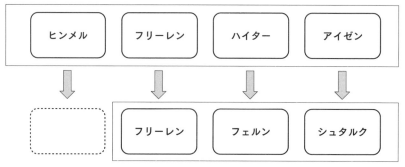

図2　かつての仲間と現在の仲間の対応関係

前はフリーレンとフェルンの2人組であったし、4人目の仲間として一時
的に加わる者もいる）が、9巻まで読み進める限りでは原則としてフリー
レンたちは3人でいるのが基本的な形となっている。なぜ過去は4人だっ
たのに、今は3人なのだろうか。おそらく、4人目が不在であることに意
味がある。すなわち、不在の4人目を巡るこの旅がまさにフリーレンの欠
如を埋め、満たすためのものであることを暗示していると考えられる。つ
まり、フリーレンに欠如している「人間への共感」と、今はいない「4人
目の仲間」という2つの欠如がフリーレンたちを旅に向かわせる原動力と
なっている。欠如や不在というテーマは、この物語の重要なモチーフと考
えられるが、詳細については後述する。

4　過去と現在が交錯する物語

　ここからは、フリーレンが旅においてどのような体験をしていくのかを
説明するために、いくつかの話を具体的に見ていくこととする。まず第3
話「蒼月草」から見ていく。この話では、フリーレンが変な魔法ばかり集
めるのを不思議に思ったフェルンが「フリーレン様は　本当に魔法がお好
きなのですね」と問う場面がある。フリーレンは「ほどほどだよ。フェル
ンと同じで」と答える。フェルンはその答えに納得しない。なぜなら、フ
リーレンが集めているのは本当にくだらない魔法で、よほどの物好きでな
いと集めないだろうと思えるものばかりだからである。例えば、「温かい

お茶が出てくる魔法」「銅像の錆を綺麗に取る魔法」「甘い葡萄を酸っぱい葡萄に変える魔法」などである。読者が思わずくすっと笑ってしまうような、絶妙な加減の「くだらない魔法」である。戦闘にはまったく役に立ちそうにない。そして、フリーレンたちはある村を訪れるのだが、そこには、かつてこの村を魔物から救った勇者ヒンメルの銅像が建てられていた。フリーレンは錆だらけの銅像を綺麗にした（さっきの魔法を使った）後、さらに銅像の周りに蒼月草の花畑を作ろうと考えた。ヒンメルの故郷の花で銅像を彩りたかったのである。その花はもう絶滅したと考えられていたが、フリーレンは懸命にその花を探し続け、半年が過ぎた。フリーレンの執着が強すぎると感じたフェルンは、再びフリーレンに問う。「フリーレン様は何故、魔法を集めているのですか？」「ただの趣味だよ」「そうは思えません」「本当にただの趣味だよ。前はもっと無気力に　だらだらと生きて

いたんだけどね」という会話の後、突然回想シーンが挿入される。勇者ヒンメルたちとの旅の途中。フリーレンは魔法を使って一面を花畑に変えた。はしゃぐ勇者一行。勇者ヒンメルは花飾りを作り、フリーレンの頭に載せた（図3）。回想シーンが終わり、フリーレンは答える。「私の集めた魔法を褒めてくれた馬鹿がいた。それだけだよ」。

　この場面からわかるのは、フリーレンの「くだらない魔法」の収集の始まりにヒンメルが関わっていた、ということである。ヒンメルはフリーレンの魔法を褒め、褒められ

図3　花畑を出す魔法の回想シーン（1巻, 第3話）

たフリーレンは確かに嬉しかったのだろうと思われる。しかし、「それだけだよ」というフリーレンの言葉は素っ気ない。彼女にとって、ヒンメルに褒められたという出来事はまだ、大切な意味のあることになっていないのである。フリーレンが人間を理解するまでにはさらに時間が必要である。

　ただし、彼女が人間を理解し始める兆候はある。回想シーン開始の突然さは、フリーレンに過去の記憶が突然に蘇ったということを示していると思われる。ふとしたきっかけで蘇る記憶には、フリーレン本人は意識していなくとも、フリーレンにとって大切なものを伝えてくれるヒントが含まれている。今はいないヒンメルがありありと現前し、フリーレンは過去の記憶に改めて出会い直すのである。そのような現在と過去の交錯がこのシーンに鮮やかに描かれている。

5　人間を知ることと、自分の過去を知ること

　第4話「魔法使いの隠し事」は、フリーレンがフェルンに内緒で誕生日プレゼントを買うために町をあちこち巡る話である。甘い物を食べに行こうとフェルンを誘い、2人で注文をする。フリーレンが「今日の気分は…」と言った時に、フェルンが「メルクーアプリンですよね」と応じる。好物を言い当てられたフリーレンは驚く。ここで回想シーンが始まる。勇者ヒンメルは「今日の気分は　メルクーアプリンだろう」とフリーレンの食べたいものを当ててみせた。「なんでわかるの？」「何年一緒に旅をしていると思っているんだ。なんとなくわかるさ」とヒンメル。フリーレンは「私は皆のこと　何もわからない」と応じた。ヒンメルはフリーレンの好物を知っていたのに、フリーレンは皆の好物を知らなかった。いや、厳密に言えば、フリーレンは好物を知ろうともしなかった。そもそも興味がなかったのである。回想シーンの後に、フリーレンはフェルンに謝る。「何故　謝るのですか？」と問うフェルンに「私はフェルンのこと　何もわからない。だから、どんな物が好きなのかわからなくて…」と、プレゼントを差し出す。中身は綺麗な髪飾りであった。フェルンは「ありがとうございます。とても嬉しいです」と言うが、フリーレンは「本当に？」と半信半疑。フェルンは「フリーレン様はどうしようもないほど　にぶい方のよ

うなので　はっきりと伝えます」と前置きし、「あなたが私を知ろうとし
てくれたことが、堪らなく嬉しいのです」と伝える。「知ろうとしただけ
なのに？」「フリーレン様は本当に人の感情がわかっていませんね」。

　フェルンに「人の感情がわかっていませんね」と言われてしまったフリ
ーレンであるが、ここには彼女の成長が垣間見える。昔、仲間たちの好物
に興味をもたなかったフリーレンが、今はフェルンのために、誕生日プレ
ゼントを何にするかということを悩み、時間と労力を費やした。彼女がこ
のように変化したのは、勇者ヒンメルの影響であるといえるだろう。仲間
に対して関心をもつことの大切さをフリーレンは今、ヒンメルから受け取
った。

　この第4話にはもう一つ興味深いやりとりがある。フェルンに旅の目的
を問われ、フリーレンが「特にないよ。魔法収集の趣味の旅だからね」と
答えた後、「でも、できる限りはヒンメル達との冒険の痕跡を辿っていき
たいかな」「風化する前にね」と語る。「それはフリーレン様にとって大切
なことなのでございますね」「わからない。だから知ろうと思っている」
という会話である。

　ここでもフリーレンはいったん、本質的な答えを避ける。旅の目的は特
にない、と。しかしこれは本当に目的がないのではなく、旅の目的が意識
的なものではないことを示していると思われる。だから、次に彼女は別の
ことを言う。ヒンメル達との冒険の痕跡を辿りたいと。ここで彼女は、意
識的ではないにせよ、自分が勇者ヒンメル達と冒険した過去の日々に、人
間を知ることのヒントがあることを直感的に知っているのではないだろう
か。フェルンに「大切なこと」なのかと尋ねられても「わからない」と答
えるしかない彼女は、意識的には「大切なこと」とは思っていない。しか
し、そこに何かがあることをフリーレンは直感しており、その直感が示す
ものを確かめたいと考えているのである。

6　自分のことを自分以上に知る他者がいる

　次は第6話「新年祭」を見てみよう。旅の途中で立ち寄った海沿いの村
で、フリーレンは新年祭に行くと言う。その村では、新年祭の日に日の出

を見る習慣がある。日の出を見たいのかと問うフェルンに、フリーレンは「正直興味はないよ。だから見て確かめるんだ」と答える。ここで回想が始まる。勇者ヒンメルは新年祭にフリーレンが来なかったことをとても残念がった。来なかった理由を問われたフリーレンは、「ただの日の出でしょ。楽しめるとは思えないけど」と答えた。そんな彼女にヒンメルは「いいや、楽しめるね」「君はそういう奴だからだ」と断言した。回想が終わり、日の出を見に行くフリーレンとフェルン。日の出を見ながらフリーレンは「（確かに綺麗だけど、早起きしてまで見るものじゃないな…）」と思ったので、「ヒンメルは私のことわかってないな…」と呟く。二度寝しようと戻りかける彼女に、フェルンが声をかける。「フリーレン様、とても綺麗ですね」「そうかな。ただの日の出だよ」「でもフリーレン様、少し楽しそうです」「それはフェルンが笑っていたから…」と言いかけ、驚き、微笑むフリーレン。

　この場面を説明する台詞は書かれていないが、読者にはフリーレンの気持ちが伝わってくる。つまり、ヒンメルは私が何を楽しいと感じるか（ここでは仲間の笑顔）を正しく理解していたのだ、という事実がわかった驚きと嬉しさである。そこには、こんなにも自分のことを自分以上に知ってくれる他者がいたのだ、というフリーレンの気づきがあっただろう。このようにして、フリーレンは記憶の中にいるヒンメルを通してだんだんと人間を知っていくことになる。

7　死のまなざしについて

　ここでやや唐突であるが、「死のまなざし」というものを考えてみたい。死んでしまって、今は不在となっている者が、もし今の時点を見ることができるなら、それはどのようなまなざしだろうか。このことを論じたものとして、深尾（1997, 2017）の一連のデジャヴュ（既視感）研究がある。デジャヴュとは、初めての場面であるにもかかわらず、「これと全く同じことが前にもあった」と感じる経験のことであるが、深尾は、このデジャヴュを「内なる死のまなざし」と考える。筆者なりに論を要約すると、現在の体験があたかも過去の経験の再現であるかのように重ね合わせられる

デジャヴュの瞬間において、自分の視点は〈今・ここ〉の生をはるかに超えた場に分身として置かれ、相対化された現在をまなざしているとされる。深尾（2017）が「生を相対化しうるものは死しかないという意味において、これらの分身は生の内側にある死である」と説明しているのは、このような事態であると考えられる。誤解を恐れず簡略化して示せば、「（未来の）死後の自分から現在の自分に注がれるまなざし」と言える。だからこそ、デジャヴュにおいては今・ここでの出来事が懐かしいと感じられるのである。

　このことをフリーレンに置き換えるとどうなるか。フリーレンは旅を続ける中で、ヒンメルとの旅の場面を次々と思い出す。その場面は、当時のフリーレンには意味がわからなかったが、今となって思い出す場面は、フリーレンにとって大切なものであり、人間に共感するためのヒントとなっていた。作中の回想シーンでは、あの時ヒンメルが言っていたことはこういう意味だったのか、とフリーレンの中でつながった瞬間の体験過程を示していると考えられる。昔はまだ意味づけられていなかった経験が、回想とともに今の自分の腑に落ちる体験、ともいえるだろう。この物語における回想ではいつも、今はいないヒンメルがフリーレンに語りかけてくる。過去のヒンメルが現在のフリーレンに（回想という形で）まなざしているといえるかもしれない。デジャヴュが未来からの「死のまなざし」であるならば、フリーレンでは過去からの「死のまなざし」が描かれているといえるだろう（図４）。

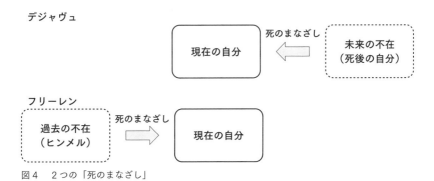

図４　２つの「死のまなざし」

　このことには２つの傍証がある。ヒンメルは自分の銅像を各地にたくさん作ってもらっていた。これにはヒンメルが自分のイケメンっぷりを後世に残したいという、ナルシスティックな理由もあるのだが、本当の理由は、「フリーレンが未来で一人ぼっちにならないようにするため」である（２巻, 第13話）。フリーレンよりも先に寿命が尽きることをよくわかっているヒンメルは、フリーレンの長い人生を思い、死者（銅像）としてこれからもフリーレンとともに存在し続けようとするのである。もうひとつは、時々登場する「勇者ヒンメルなら　そうしました」という言葉である。ヒンメルは困っている人がいたら必ず助けるという善行の人であった。ハイターが孤児であるフェルンを助けた理由として発せられた言葉であり（１巻, 第２話）、のちにフリーレンもこの言葉を使う（４巻, 第35話）。死してなお、仲間の心の内に行動指針としてヒンメルは生き続けているのである。このように、ヒンメルは不在者として、今もフリーレンたちをまなざし続けている。以前に筆者は、フリーレンには死生観が描かれていないと論じたことがある（川部, 2022）が、今回の論を書いていて、そうではないことに気づかされた。死者は不在者として、現在をまなざし続けているという死生観が暗示的にこの作品には描かれていると考えられる。

8　まとめ

　最後に、なぜフリーレンはヒンメルの死に際して涙を流し、人間を知るための旅に出ようと思ったのかを改めて考えたい。おそらくフリーレンは、初めから旅の目的を明確に意識していたわけではなかっただろう。あくまで直感的に、かつてヒンメル達と旅した道のりを辿れば、そこには何か大切なものがある、という予感があったのだと考えられる。その旅を通して、フリーレンは自分の魔法収集の始まりにヒンメルが関わっていたこと、旅の仲間の好物を知るほどに関心をもつヒンメル、自分のことを自分以上に理解してくれたヒンメルを思い出すことができた。いや、思い出すという表現では十分ではない。過去の単なる断片的な記憶でしかなかったものが、真に意味のある出来事としてフリーレンの心に基礎づけられたというほうが正確であろう。この心のプロセスを支えているのが「死のまなざし」で

あるように筆者には思われる。ヒンメルという不在者は今もなお、フリーレン達をまなざし続けている。不在者のまなざしは非常に強い力をもっている。そして、この不在者のまなざしが、フリーレンに欠けていた、人間に共感する主体を立ち上げていくのである。振り返って考えてみると、フリーレンが物語の冒頭で流した涙は、この主体が立ち上がる際の衝撃ゆえのものだったのかもしれない。この涙は、単にヒンメルを喪失したことへの涙ではなくて、ヒンメルの死を契機として、フリーレンが初めて不在者からのメッセージを受け取る主体となったことで生じた痛み、およびその痛みを感じる身体性の獲得を示すものであろうと考えられる。

　以上、『葬送のフリーレン』をテキストとして、共感について考察を行ってきた。共感について考えることは難しい。果たして筆者が他者に十分共感できているかどうかというと、それも不確かである。本稿では共感とは何かという問いに正面から答えるのではなく、共感に欠けた者がいかにして共感への意志を獲得するかを描くこととなった。そこには不在者のまなざしや、不在という事態を知った時の衝撃から共感する主体が生まれるという心のプロセスが現れていたと考えられる。

文　献

深尾憲二朗（1997）．死のまなざしとしてのデジャヴュ　中村雄二郎・木村敏（監修）講座生命2　哲学書房　pp.111-147.

深尾憲二朗（2017）．内なる死のまなざし──てんかん、デジャヴュ、臨死体験　木村敏・野家啓一（監修）生命と死のあいだ──臨床哲学の諸相　河合文化教育研究所　pp.185-201.

川部哲也（2022）．『鬼滅の刃』における鬼の時間と人間の時間　大阪府立大学大学院人間社会システム科学研究科心理臨床センター紀要, 15, 3 -11.

少年サンデー公式サイト　https://websunday.net/（2022年12月18日閲覧）

山田鐘人（原作）アベツカサ（作画）（2020-）．葬送のフリーレン（1巻〜9巻）小学館

講演録

ミステリウム・コニウンクチオニス
統合の神秘的創造

マ レ イ・ス タ イ ン
ユング派分析家

翻訳　吉 川 眞 理
学習院大学

1　序

　1955年、チューリッヒで行われたユングの80歳の誕生祝いの年に、彼の最後の大著である『ミステリウム・コニウンクチオニス（結合の神秘）』〔訳注：以下、書名は必要な場合を除き『結合の神秘』と表記〕が出版されました。その年、ジョーゼフ・キャンベル（Joseph Campbell）が『神秘』（図1）というタイトルで1944年に開催されたエラノス会議の発表論文を集めた論文集を出版しています。その本には、神秘（秘儀）に関する13本の講義が収められていました。著者には、宗教学の著名人であるワルター・オットー（Walter Otto）、カール・ケレーニイ（Karl Kerényi）、ヴァルター・ヴィリ（Walter Wili）、フーゴー・ラーナー（Hugo Rahner）、そしてもちろんC・G・ユングが名を連ねていまし

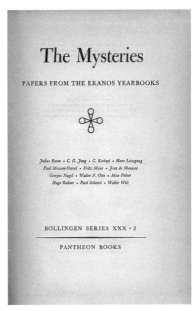

The Mysteries

PAPERS FROM THE ERANOS YEARBOOKS

Julius Baum · C. G. Jung · C. Kerényi · Hans Leisegang
Paul Masson-Oursel · Fritz Meier · Jean de Menasce
Georges Nagel · Walter F. Otto · Max Pulver
Hugo Rahner · Paul Schmitt · Walter Wili

BOLLINGEN SERIES XXX · 2

PANTHEON BOOKS

図1　エラノス論文集からの抜粋『神秘』（1955年）

た。「神秘」というテーマは、確かに1955年に話題になっており、当時の
ユングを深く魅了していたものでした。

　ユングにとって、「神秘」という言葉は、ただちに「無意識」を示唆し
ていました。あらゆる現象は神秘です。なぜなら、それらは十分に意識さ
れたものではないからです。つまり、因果関係の源は未知のものであり不
明瞭なのです。科学は、それらをまだ説明できていません。それゆえに
「神秘」は投映を惹き寄せ象徴的になります。無意識はこれに惹きつけら
れ、なんとか神秘とのつながりを確立しようとします。これは一種の理解
をもたらしますが、科学的つまり合理的な理解ではありません。『結合の
神秘』の第2版の編集後記において、ユングは、この著作が「知の限界域
の心理的事実について関わる」と述べています。それらは、その時点で知
られていないだけにとどまらず、本来、かなり不可知なものなのかもしれ
ません。科学がこれを説明することは不可能かもしれません。ある種の現
象は、理性的な心の理解を超えているのです。それゆえに、この無意識の
領域を探索するために、メタファーやイメージが必要になるのだと、ユン
グは述べています。

　実際に、この説明的な文献におけるメタファーやシンボル出現の強烈さ
は、ここで論じている話題が「知と不可知の境界域」にあり、そのために
必然的に神秘的なオーラをまとっていることを示しています。この種の研
究は、もちろんユングにとって目新しいものではありませんでした。彼は
生涯を通して、とりわけ『赤の書』において、最も劇的で個人的な形で、
すでに知られていること、知りうることの限界域、すなわち無意識の探索
に没頭していました。ユングの全集の索引における膨大な「神秘
（mysteries）」「秘儀（mysterium）」「神秘主義（mysticism）」や関連事項へ
の参照は、深層心理学者ユングが、これらの象徴的な記述やシステムに興
味を持っていたことを示しています。

　錬金術は、確かに、間違いなく、そのような「神秘学派」の中で、彼の
晩年の著作において最も重要なものでした。しかし、それは決して唯一の
ものではありませんでした。モシェ・アイデル（Moshe Idel）は、彼の最
近の講義において、特に1944年のヴィジョン以降、ユングの思想において

カバラが中心的な役割を果たしていたことについて力説していました。この点を否定することはできません。多くの宗教的、神話的な秘儀・神秘に関するユングの熱心な探求は、表層の個人心理的、集合的な文化的構造の下に存在している無意識の基層への深層心理学的研究を生み出しました。ユングは、その研究の最初から、意識的な生活の中で感覚によって刻まれる現象の流れの表面下やその背後に目を向けようとしていました。それらは、そこに生じる心理的、霊的な変容をとらえようとする試みでした。彼が自らの使命としていた深層心理学における課題とは、無意識過程のダイナミクスと方向性、換言すれば心の「神秘」を、理解することだったのです。

これらの生来的な心理的傾向の一つとして「対極」の結合、あるいは統一に向かう衝動が存在しています。これが、ユングが最後の著作で研究したミステリウム・コニウンクチオニス──統合の神秘──です。これはいったい何なのでしょうか？

それは重力の影響に関する研究に似ています。重力もまた目に見えません。そして、理論的に、実験的に正体を明らかにすることは相当困難です。「重力」とは何でしょうか？ それらは波なのでしょうか？ 粒子なのでしょうか？ それとも両方？ ユングの問いは、次のようなものでした──私たちは、心をその統合に向かわせるこの種の心理的エネルギー（リビドー）をどのように理解すればよいのか？ 心理的な力として、この神秘的な統合に向かおうとするエネルギーは、個性化の重要な原動力となります。ユングは、自分自身の内的生活や相談室において、これを注意深く観察しました。これらの比較研究より、ユングはそこに何か元型的な、すなわち普遍的なものが存在していると推論しました。それは、内的に、たいていは静かにひそかに、ばらばらになった多くの断片がひとつにまとまっていく心理的変容のプロセスに関わっているのです。それは、ユングが理解しようと意図していたものでした。『結合の神秘』は、この統一の過程を解明しようとする、ユングの生涯最後の、そして最大の試みだったのです。

今回、私は「多なるものと一なるもの」、すなわち多様性と統一の問題

についても考察したいと思います。それは個人心理学と集合的文化に関与しているからです。統合への希求は、個人性や多様性への願望と葛藤するのでしょうか？　あるいは両者を一つに収めようとすることには何の価値もないのでしょうか？

2　概観

　今回扱う文献は、『結合の神秘』です。この本は長く、詳細で、相当複雑な内容の著作です。目次一覧は、このユングの著作の中でも最も難解な著作の入門のためのオリエンテーションとして役立つでしょう。『結合の神秘』は6章で構成されています。

　　　第1章　結合の諸要素
　　　第2章　パラドックス
　　　第3章　対立の化身
　　　第4章　王と女王
　　　第5章　アダムとエヴァ
　　　第6章　結合

　後で、これらの章をより詳しく見ていきますが、今は、これらを短く要約してみます。

　第1章「結合の諸要素」は、この著作がたどるステージを設定する章です。ここでユングは、多くの「対極の対」になっている諸要素を挙げていきます。それらは、錬金術が扱ってきたものです。湿−乾、天−地、火−水、能動−受動、霊−物質、男性−女性、などです。

　そこには、対極的な現象やその結合を表す多くのイメージや概念があり、結合は、しばしば、対極を持つ対の2組から成る4分割により象徴されると述べられています。しかし、ミステリウム・コニウンクチオニスは、最もしばしば女性人物と男性人物の間に生じるものとして描かれます。この結合の物語は、元型的な死と再生を含むドラマになります。ユングは、「男性の心の女性的、母性的な背景の情熱をかきたて、霊的な原理との調

和させる錬金術の道徳的な課題は、まさしくヘラクレスの苦行である」と述べています。女性の心にとっては、それはアプレイウスの『黄金の驢馬』に語られ、エーリッヒ・ノイマンに解釈されているアモールとプシケーの物語のとおり「まさしくプシケーの苦行」となるでしょう。

第2章、錬金術の「パラドックス」は、しばしば奇妙な、対極が結合するイメージによって表されます。一例を示すと「鉛の内に死せる命あり」また、もう一つの例はレビスです（図2）。

図2 『哲学者の薔薇園』第10挿絵 レビス

両性具有は、しばしば登場する人気あるイメージです。パラドックスは、そのような形で背後に隠された統合を示唆しており、それは、ユングが引用している錬金術の引用において述べられています。「なぜ汝はさまざまなことを語るのか？ 自然物の本質は一つであり、それはすべてを支配する一つの自然である」。人間のパーソナリティについて言えば、その背景にある統合は、セルフです。セルフの定義は、それゆえに逆説的です。なぜなら人格は、多くの対極の対によって構成されています。すなわち、ペルソナ／シャドウ、アニマ／アニムス、時間の制限を受ける／不朽の、等の対極の対です。

第3、4章と5章は、女性的象徴と男性的象徴（太陽と月、王と女王、アダムとエヴァ）と、それぞれの変容に関する詳細な考察によって構成されています。変容は、基本的に、意識における個人的及び集合的な（太陽、王、アダム）に影響するプロセスに関わるものと、無意識における個人的及び集合的な（月、女王、エヴァ）に影響するプロセスにかかわるものです。これらの変容は、その後に続く統一の可能性の準備にあたります。

第6章は、結論部であり、本書の中で最も明解に書かれており、読者にとってわかりやすくなっています。この章においてユングは、3段階の結

合過程に関するゲルハルト・ドーン（Gerhard Dorn）の公式の心理的な解釈を示しています。それは、意識性を変容させ、意識を包括的な次元へと導きます。これについては後で詳細を論じることにしましょう。

　対極性がこのように心理的な問題である理由は、対極が分割された心を反映しているからです。この分割は、正常な差異化のプロセスの結果であり、それは個人的、あるいは集合的な心理的発達の途上で生じるものです。これは、自我意識の誕生と成長の成果なのです。自我意識そのものは、人間の分離と差異化の能力であり、この作用がなければ、人間は、現在の私たちがそうであるような個人的な意識を持つ存在にはなり得なかったでしょう。人生の前半のかなりの部分が、無意識からの、さらに身体的、社会的環境からの分離と差異化に費やされます。これは人生前半の個性化の目標、すなわち個別化されたアイデンティティと個人としての感覚の確立なのです。

　しかし自我意識は両刃の剣です。一方で大きな利得をもたらしますが、他方では内的・外的な葛藤、神経症、隔離のような多大な問題を生じさせます。対極性は、差異化のプロセスの進行とともに、前意識的マトリックス（本来の自己、プレローマ、プリマ・マテリア：第一資料）から生じます。これは個人水準でも、文化的な水準でも生じます。１人の不可視の神格から、２人（あるいはそれより多数）の多神教への動きは、宗教史において観察することができる差異化の過程なのです。このプロセスの最初の結果は、天と地、昼と夜など、１つのものを２つに差異化する過程です。この多様性は、次の段階で統一を再現する動きを引き起こします。それは、かつての統一の回復でありながら、キリスト教の三位一体のような複雑な一神教の形をとります。

　『結合の神秘』において、これらの対極性は太陽／月、王／女王、アダムとエヴァのイメージによって描かれ、その結合はレビス（錬金術の所産、両性具有）のようなイメージに象徴されます。ユングはしばしば、預言者マリアの公理を、この過程の要約として引用しています。「一が二となり、二が三となる。そして三から第四のものとして一が生じる」。心理学では、本来の自己の一部分がばらばらになって、自我意識が中心であるアイデン

ティティが生じており、対極的な特徴は、このアイデンティティから削除され、自己から「悪」として拒否された断片から構成される影のアイデンティティを形成します。そして本来のシジギー（アニムス－アニマの統合体）のジェンダー部分は、意識的アイデンティティの外に取り残されます。個人のアイデンティティは、この発達によって形成されていきます。そして人生の後半において、この自己から分離した部分をいかに再統合するかが重要になります。これは、どのように実現するのでしょうか？　これが『結合の神秘』において探求される本質的な問題となります。それは分割された自己の再統合の問題なのです。

　分割のもう一つの部分は、本能と霊の間にも生じています。フロイトは、これを『文明とその不満』という論文において、イドと超自我との間の葛藤として理論化し、近代人の苦しみはこのジレンマであると考えました。ユングはこの本能と霊の間の葛藤についてはもう少し楽観的にとらえていましたが、それでもやはり、この葛藤を本質的なものと見なしていました。両側面が変容されてこそ継続性のある統合がもたらされるのです。この両側面の変容のプロセスは、『結合の神秘』の第3、4、5章で分析されています。

　第3章では、主要登場人物は太陽と月です。太陽は、心の霊的／文化的な構造を表しています。そして月は、無意識の循環とリズムを表しています。第4章は、王と女王という人物を登場させます。それは、対極が並び立つペアであり、ここでの重要な焦点は、男性性・父権性の優位な意識の変容に向けられています。そこでは女性性・母権性が二次的な役割を担っています。第5章では、アダムが、原人、分割されたセルフの全体性を表しており、エヴァと彼女の代理としての黒いシュラマイテが女性的な、欲望の無意識的側面を表していて、強烈な浄化による変容のプロセスの対象となっています。このすべてが、ミステリウム・コニウンクチオニスのための準備となっています。この対の両極が洗練され、聖婚にふさわしい形に変容したとき、ミステリウム・コニウンクチオニスが実現するのです。さてここから、この本の題名『ミステリウム・コニウンクチオニス（結合の神秘）』について、その意味を考えてみましょう。この題名は、神秘

（Mysterium）と、結合（Coniunctionis）という２つのラテン語によって構成されています。

3　ミステリウム：神秘

現代英語の mystery は、ラテン語の Mysterium から派生しています。このラテン語は、秘密の儀式および宗教的な秘跡の特徴を指すものです。それゆえに、この本のタイトルは、宗教的なものとの関連性を強調し直接に示すものとなっています。本書のタイトルが明らかに示すように、ユングは、秘跡すなわち神聖な儀式（たとえば教会の）において祝される秘儀に関わるテーマについて書こうとしています。それは神の力を呼び起こし、超越神の存在を人間界に引き寄せます。「ミステリウム：神秘」という言葉は、目に見えない力の活動を意味しています。その力は、人間の認識力では把握できないのですが、宗教的な文脈においては最もはっきりと経験することができ、宗教的なイメージや言語によって表現されます。加えて、宗教的な儀式への参加のようなヌミノースティックな経験は、集合的な場だけでなく、個人の人生の個人的な機会に生じることもあります。「ミステリウム：神秘」は、ルドルフ・オットー（Rudolf Otto）が、その1917年の名著において、ヌミノースについて語る際にも用いられた言葉です。彼は、聖なるもの（聖なるものの概念）は、mysterium tremendum et fascinans（畏怖と魅惑の神秘）であると述べています。

この「ミステリウム：神秘」という言葉からの連想のネットワークゆえに、ユングは、『結合の神秘』第２版の編集後記で、この宗教用語の使用について説明をする必要を感じていたようです。

　　「もし私が神学用語を連想させる表現を用いるならば、それは語彙の貧困ゆえに他なりません。私が神学の主題が、心理学の主題と同じであるという意見を持っているわけではないのです。心理学は、明らかに神学ではありません。それは、経験され得る心的現象を記述しようとする自然科学なのです。その際に、神学が考え、名づけた方法を考慮しています。それは、論じられている内容の現象学と一体化してい

るからです。」

　ユングが説明しているように、ユングはこの著作において、彼が科学的に、つまり心理学的に考察しようと願っている素材を説明する神学の言語や概念に着目しています。彼は神学者と見なされることを望んでいたわけではありません。しかし、彼の心理学的探求のために神学を利用しようとしたのです。心理学は、「秘儀、神秘」を経験されうる現象として扱おうとしますが、永遠の形而上学的な真実の啓示として扱うわけではありません。ヌミノースの経験は、ユングにとって、無意識の元型的な層の経験を意味していました。それは心理学と神学の間に引かれた細い一線なのです。ユングが夢やヴィジョン、錬金術の文献の象徴的な素材について説明する際に、時々、うっかりその一線を踏み越えてしまうように見うけられることもあるかもしれません。

　「ミステリウム：神秘」という言葉の含蓄として、秘密という重要な要素もあります。ラテン語の「秘儀・秘密」という語は、ギリシア語のmystērionから派生しており、それは秘密の儀式あるいは教義（それは入門を許された人のみが知り、参加できるものです）を意味しています。その儀式とは、浄化、犠牲を捧げること、行列、歌などから構成されています。それは、エレウシスの秘儀やイシスの秘儀のような有名な古代の秘儀に見られます。これらの儀式は、カルトへのイニシエーションの手段として行われました。秘密は、参加者に、儀式において引き起こされる霊的なエネルギーについてしっかり伝達するために、不可欠であると見なされました。「イニシエートされる者」は、mystēs、修行僧と呼ばれました。イニシエーションは、イニシエートされる者が経験するアイデンティティの変容を意味しており、イニシエートされる者は、志願者の地位から修了者の地位へと移行していきます。今日では、学校や大学における入学式や卒業式にこの儀式の名残りを認めることができます。

　最も興味深く、秘密の重要性と密接に関連しているのは、mystērionという言葉です。この語は基本的で簡単なギリシア語、myeinから派生しており、その意味は「閉じられた」であり、おそらく秘密について唇を閉ざ

すこと、あるいは儀式の結果生じるであろう啓示を受け入れる際に、目を閉じることを意味しています。語源学の基礎において、私たちはしばしば、とても単純で、いうなれば元型的な何かに出会うことがあります。神秘において、私たちは沈黙、秘密、世界から遮断された聖なる空間、典型的には子宮を象徴化した洞窟のような構造が強調されていることがわかります。

　ユングのこの著作の題名は、この「ミステリウム（Mysterium）：神秘」という語を、その最初と中核として掲げており、私たちがこれから、何か秘密で、聖なる、心理的で霊的な変容をもたらす元型的な力について検討しようとしていることを告げています。

4　コニウンクチオニス：結合

　ここから、題名の第二の語、「コニウンクチオニス：結合」について見ていきましょう。

　本書の題名の最初の部分である「ミステリウム：神秘」と同様に、第二の部分である「コニウンクチオニス：結合」も、本書の意味を理解するために、非常に重要な言葉です。ラテン語でこの語は、単に「絆」か「連合」を意味しています。化学では、これは化合物を生成するための2つの要素の結びつきを示しています。

　ユングは、『結合の神秘』の第1章の冒頭で、「結合において結びつく諸要素は、互いに敵意をもって対峙しているか、あるいは愛情をもって惹き合っている対立者、対立する者や性質と考えらえている」と書いています。そして、脚注において彼は、錬金術師リプリー（Ripley）の文献を引用しています。「結合とは、分離している諸性質の結合、あるいは諸原理の一種の均一化である」。

　化学の前身として、錬金術は、化学の元素に似た基本素材を扱っていました。これらの素材は、秘密の手法に沿って集められ、この混合物を、「プリマ・マテリア：第一資料」と呼んでいました。それは、たいてい試験管やフラスコといった変容のプロセスを進行させやすい容器に入れられました。そして、錬金術師は、秘密の錬金術的方法を、massa confusa（混合物）に施し、混合物を一対の対極に分化させました。次にこれらの対を

一緒にして、もう一対に加えて4分割を形成します。そこから、新しい化合物が創造されます。

　プロセスは、最初の原料に一連の操作、すなわち焙焼（calcinatio）、溶解（solutio）、凝結（coagulatio）、昇華（sublimatio）、死（mortificatio）、分離（separatio）、結合（coniunctio）を加えることで、最終的に、何か新しいもの、自然界には見出されないものを得ます。それは新たな創造なのです！　このプロセスは、基本資料が、最終的に貴重な産物に変容するプロセスと見なされました。そして、このプロセスこそが神秘と見なされました。なぜなら、科学ではこのプロセスの物質的な基礎を理解することができなかったからです。この神秘的プロセスに対して、錬金術師は、幅広く多様なイメージや意味を投映しました。この投映の過程に心理学的理解をあてはめて、錬金術の作業を、個性化過程の象徴としてとらえたのは、まさしくユングの天才でした。

　ユングが錬金術のファンタジーを解釈したように、錬金術師が物質の水準で何とかして結びつけようとした対極は、心のさまざまな機能を表しています。それは、アニマ、アニムスや影のことであり、これらの連合、統合は、ユングの理論における個性化の目標なのです。

　ここで、重要な疑問が生じます。何が、対極に向けた動きをもたらすのでしょうか？　錬金術における統一過程の魔術的な「変容の動因」は、水銀であり、それはメルクリウスという人物によって象徴されます（図3）。水銀は媒体すなわち浴槽です。そこで硫黄（男性性）と塩（女性性）で表された対立物の結合が生じます。この両性具有的な人物は、プロセスの触媒です。この結合をもたらす要素な

くしては、対立物は互いに相互作用することになってしまいます。錬金術用語集では、メルクリウスは、プロセスの最初と最後として定義づけられており、まさしくプロセスそのものなのです。彼は両性具有的であると想像されているために、対極の

図3　メルクリウス

双方がこの人物として表現されており、だからこそ、彼が対極を一緒にすることができます。彼は、見本や模範のようなもので、対立物の合一の象徴なのです。結合の全プロジェクトは、この神秘的な力によって創造される「場」によって生じます。この「場」において、対極は互いになじみ合い、永遠の統合の状態に結びつきます。

　その結果は、錬金術において「哲学者の石」「アレクサ・ファーミコン（あらゆる病を癒す薬）」「錬金術の金」として象徴されます。

　メルクリウスは、自然界の重力に匹敵するかもしれません。彼は、分離した対立要素を自分の方に引き寄せ、それをある場所に寄せ集めるのです。またも神秘的なことに、彼はその対立を解消します。それはまるで対立する政党の怒りをなだめて、対話できる状況を作り出す外交官のようです。重力がなければ、宇宙はちりぢりばらばらになって虚空に消えてしまうことでしょう。心理的に言えばメルクリウスは、心が進化する際に、その断片を一か所にまとめてお互いに関係を保てるように、全体的な構造の中にその居場所を確保するセルフの力を表しています。

　カバラにおいて、カバラの生命の樹に表されている10の「セフィロト（Sefirot：「放射」あるいは「対立」）」における均衡の構造を担っているのはアイン・ソフであり、無限大の存在です。心理的に解釈するならば、アイン・ソフが、セルフです。ユングは、『結合の神秘』の第5章において、カバラとこのセフィロトについて考察しています（図4）。

　心理学では、さまざまな対立の組──最もよく知られている対として

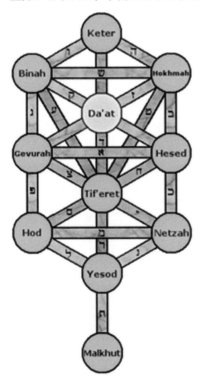

図4　カバラの生命の樹の10のセフィロト

はアニムスとアニマ、ペルソナと影がありますが——その和解のプロセスが、広い意味での統合のプロセスとして認識されます。これによって、自我意識の対極の一方への執着が緩和され、同様に無意識がもう一方の対極の支配から解放されます。自我意識と無意識は、こうしてセルフの守りのもとで、構造化された全体性となることもあり得ますが、単一の均質なユニットに融合しないで、ばらばらの部分のための空間、いわゆるブラックホールにとどまっていることもあります。そこでは、重力が大変強く、光子（光）すら逃さないのです。ここでの目標は、両極が繊細で持続可能な相互的な関係を持てるようにすることであり、一方を好んで他方を排斥することではありません。生命の樹は、レビスと同様に、これを象徴しています。すなわち、審判と慈悲を表す、樹の右側と左側の２柱です。それはレビスの２つの頭がアニムスとアニマを表しているのと同様です。

　最も魅惑的な錬金術的著作群の中の一つである『精霊メルクリウス』（全集第13巻）において、ユングは、メルクリウスを「無意識の精霊」と語っています。その著書によれば、セルフは蛇行しながら心理的な統合と全体性に向かっていきます。ユングは、彼自身の個性化過程の背景に、この神秘的で磁性を帯びた、魔術的な「精霊」（『赤の書』における深淵の精）が作用しているのを見出したのでした。それは、分析的プロセスの展開において、彼の患者の心理的素材においても同様に見出されるものでした。

　『結合の神秘』においてユングは、メルクリウスについて「彼はこの両性具有的な形ゆえに、この結婚を体現している」と述べています。三位一体の神の頭を安定した３分割にまとめるキリスト教神学の聖霊のように、セルフの多くの側面（対極）の多面的な統合をもたらす者が、メルクリウスなのです。そこでは多数性が消失して単一性になるのではなく、むしろそれぞれの局面がダイヤモンドのように維持され、曼荼羅構造の全体性のうちに結びあわされており、これこそがメルクリウスの天賦の才能です。そこでは、統一が達成されながらも、多様性が保持されています。

　これが「一か、多数か」のジレンマに対する答えです。これは、しばしばユング派の著者たちによって論じられています。パーソナリティは多重、

多数か、あるいは一つか？　多神教か一神教か？　このような問いです。
答えは、「両方」です。それは、統合された多様性、多様な統合性です。
これが人間のパーソナリティの複雑さをふまえた、個性化の唯一の現実的
で持続的な目標です。そしてこれこそ、この文献の題名にある「結合」が、
純粋に意味していることです。それは、「統一」なのですが、多様性や分
化を否定したり、削除するものではありません。

5　ユングの対極との格闘

　すでに『赤の書』において、ユングが対極の問題に心理的な水準で全力
で取り組んできたことが明らかになっています。何がその対立するものを
引き寄せ、合体させるのでしょうか？　それはもちろん、愛という心的な
力に他なりません。それは重力のように、人をその相手の腕の中へと引き
寄せます。確かに、メルクリウスを２人でありながらも１人にとどめるの
は愛です。愛は対極を統合する抵抗を克服します。ウェルギリウスの名言
にあるように、Omnia vincit amor、「愛は全てに勝つ」のです。この力は
結びつける絆です。しかし、それはどんな種類の愛なのでしょうか？

　おそらく、それはウェルギリウスが、アポロによってガッルスが裁かれ
る詩に描いている感覚的な狂気の愛、愛に病み狂った色情タイプの愛では
ないでしょう。また同様に『赤の書』の中で、盲目で欲情的なサロメから
ユングに差し出された愛でもありません。サロメは、権力者の前での７つ
のヴェールの踊り、露骨なエロティシズムで知られており、彼女の愛は、
つかの間のあいだ魅惑的ですが、長く続く絆とはなりません。対極は、た
ちまちその違いを再主張し、再び分裂し、互いを敵と見なすようになるで
しょう。少なくともそれはウェルギリウスの詩において起こったことでし
た。すなわち、ガッルスは、彼の恋人に捨てられ、失意の中で孤独に死を
迎えました。「愛は全てに勝つ（omnia vincit amor）」という表現は、ウェ
ルギリウスの詩において逆説的な意味をもっています。一時的な結合は、
エロティックな熱狂の瞬間に生み出されるかもしれません。しかし、その
後すぐに分離と断片化が続きます。そこには重要な変容や、純粋な結合は
存在しません。これは文学や歌においてしばしば語られる物語です。ユン

グは、『赤の書』や私生活において、一度ならず、このタイプの愛を固く
拒否してきました。このタイプの愛はあまりにも盲目的な投影に根ざして
いるために、翌朝、意識が目覚めると色あせてしまうのです。

　しかし、コニウンクチオ（ラテン語の絆、結合）という言葉は、もちろ
ん強い性的な響きを帯びています。それは、ユングが転移の考察において、
はっきりと認識して用いているとおりです。『哲学者の薔薇園』の性的な
結合の図像は、人を赤面させ、ユングも、これを心理的水準のコニウンク
チオの象徴であると解釈するときすら謝罪の言葉をいれています。ユング
は、性について1958年にアニエラ・ヤッフェに次のように語っています。
「それは純粋で、原始的なもので、それこそが、その本質です。しかし、
それは霊的な神秘であり、そこには個人的なすべてのものが、超越的な一
体感のために消し去られています。しかし、この一体感の本質は秘められ
ています。それが神秘的な結合なのです」。それゆえに自然の生物学的な
水準の性的結合は、それが「ミステリウム・コニウンクチオニス」、心理
的全体性の象徴的表現として認識されるならば、超越性を帯びていると言
えます。性的結合は心理的な統合を象徴することができます。コニウンク
チオは、この瞬間に具体的であると同時に象徴的であり、その意味は「神
秘」です。それは、新しい存在の心理的、霊的次元への変容的なイニシ
エーションであり、心理的要素の新たな組み合わせへの導きとなるからで
す。ユングの『結合の神秘』は、具体的なものは象徴になり得るものであ
り、象徴は、具体的に経験されうることを認識しています。コニウンクチ
オは、究極のところ、神秘的で、秘匿されており、口では伝えられない秘
密の知なのです。

　しかし、そこには、もう一つのタイプの愛があります。それは、ユング
が『赤の書』やそれ以降に考察してきたもので、キリストによって示され
たタイプの愛です。繰り返し、ほとんど強迫的に、ユングは『赤の書』や
他の多数の著作においてキリストという人物について考察しています。キ
リストは、対極を結合する愛を表しているのでしょうか？　ユングはこれ
を肯定するのに問題を感じていました。イエスは、その対極の影、つまり
サタンを拒否しなかったのでしょうか？　おそらく対極を擁しつつこれを

含み持ち、これを全体的状況として永続的に結びつけるためには、別の象徴的イメージが必要とされます。『赤の書』で、彼はこう書いています。

　「新しき神は相対的なものの内にあるということがわかった。もし神が絶対の美と善であるならば、美しくも醜くもあり、善でも悪でもあり、ばかばかしくも真剣であり、人間的で非人間的である生の充溢を、神はいかにして包括すればよいのであろうか？」（『赤の書』河合俊雄他訳、2010年、創元社）

　彼が探し求めた神のイメージは、対極を結合し、その結合を永続できることを示さねばならなかったです。
　ユングが、この重力について、最初のひらめきを得たのは、文の途中でカリグラフィー原稿が途絶したときでした。それは、彼が、鳥と名づけられた人物から神秘的な贈り物を受け取ろうとする場面でした。

　鳥「私の声が聞こえますか？　私は遠くにいます。天国はとても遠く離れています。地獄ははるかに大地に近いです。私はあなたのために何か見つけました。それは捨てられていた王冠です。これは計り知れない天国の空間の、ある通りに落ちていて、金色の冠でした。」（上掲書）

　今や、それはすでに、……（ここでカリグラフィーの文字が止まっている）。この鳥という人物は、かつては蛇であり、魂でもあったが、ユングの手に「金の王冠を授けた。その内側には、文字が書かれていた。いったい何と書かれていたのか？　『愛は決して滅びない』と書かれていた。それは天国からの贈り物だった。しかし、それは何を意味しているのだ？」と、彼は、困惑して問いかけています。それは、コリントの信徒に宛てられたパウロ第一の手紙13章の聖句でした。ユングが、この贈り物が何を意味するのかという疑問に取り組み、ようやくその数年後にこの絵が出現します（図5）。ユングは、この絵に「愛の勝利」とタイトルをつけました。

このタイトルは、ウェルギリウスの
有名な句、「愛は全てに勝つ」にち
なんでいます。絵の下にある文字は、
次のように読めます。「それは、ど
のような悲しみかは知る由もないが、
四重の犠牲、犠牲を染み込ませたあ
らゆる生き物の本質を表している」。
ここでは犠牲がキーワードになって
います。それは対極を一つにまとめ、
セルフの望まれない、知られていな
い影の部分を、分裂させて投映する
ことがないようにさせる愛です。パ
ウロがこのタイプの愛について書い
ているように、「それは、すべてを

図5 『赤の書』127図版 四重の犠牲

忍び、すべてを信じ、すべてを望み、すべてに耐える。愛は決して滅びな
い」（コリントの信徒への手紙13章7－8）。これが、鳥からユングに手渡
された象徴的な贈り物の意味です。

　愛に関する同じメッセージは、『赤の書』の最後の場面にも登場します。
それは、「Scrutinies（試練）」と名づけられた部分の最後です。そこにキリ
ストが直接登場します。彼は、ユングの庭に「影」のようにやってきます
が、フィレモンは、簡単にそれがキリストであることを見破ります。彼は、
キリストに「あなたはまことに王なのです。あなたの深紅の衣は血です。
あなたのアーミンの毛皮は両極の寒さによる雪です。あなたの王冠は、あ
なたが頭上に載せている太陽という星です」（『赤の書』河合俊雄他訳、
2010年、創元社）と挨拶します。対話は続き、今度はキリストが、フィレ
モンが、シモン・マグスという古代のトリックスターの魔術師であり、ユ
ングの『赤の書』では、フィレモンの姿をしていることに気づきます。フ
ィレモンは、キリストに、彼と彼の妻、バウキスは古代ギリシアの同じ名
前のカップルのように、神のもてなし役をつとめていることを告げます
（これは、ユングのアクティブ・イマジネーションのはたらきです。彼は

集合的無意識の元型的な人物に扉を開き、彼の内的世界に迎え入れたのです）。聖書のエデンの園をふまえて、フィレモンは、庭の先客は「あなたの恐ろしい虫」、すなわちサタン、蛇であると宣言します。それは、アダムとエヴァを誘惑し、彼らに恩寵からの転落をもたらした存在です。ここでフィレモンは、サタンがキリストの兄弟であることを宣言します。2人の人物は互いの対極なのです。フィレモンはさらに続けます。「私は虫に私の庭に居させているのですから、あなたは私のところにおいでください」（上掲書）。彼は、この虫が彼の心的な場に受け入れられたので、その対極であるキリストが引き寄せられたことを示唆します。彼らは、磁石のようなもので、一方が他方を引きつけるのです。そこでキリストはフィレモンに尋ねます。「私がおまえに何を持ってきたかわかるか？」。フィレモンは答えます。「虫の贈り物は嘆きと嫌悪でした。あなたは我々に何をくださるのでしょうか？」（上掲書）。キリストは、一言も言葉を発することなく、この悪の醜さから逃れる道を与えてはくれませんでした。「私は、おまえに苦しみの美しさを持ってきた。それは、虫をもてなす者が必要とするものだ」（上掲書）。

　これが『赤の書』の最後の言葉になりました。ユングにとって、この対立の苦しみが彼の全体性への旅の次の段階への道の特徴となっています。『赤の書』において、以前の十字架上の苦難のキリストへの同一視において、彼は一時的に、時間を超越したアイオーンとして、一瞬の超越を体験しました（図6）。彼は、それを「神格化の神秘」と呼びました。その後も、彼は依然として、彼自身の内なる対立の苦しみという問題を抱えており、ようやくにしてその解決が現れたのは、数十年後のことでした。

　その解決は、突然、神秘的な形で訪れました。それは1944年の冬、ユングがチューリッヒ病院で心臓発作と臨死体験から回復途上にあるときのとでした。そこで彼は、さらなる変容の神秘をくぐり抜けます。一連のヴィジョンにおいて、彼は聖婚を3回繰り返して目撃します。それは、ティフェレトとマルクト（カバラ）、ゼウスとヘラ（ギリシア神話）、キリストとその花嫁（キリスト教の聖書）でした。3つの宗教文化が出現し、3回の繰り返しは、古代の秘儀の儀式と同様に、イニシエーション的要素を持

っています。『ユング自伝——思い
出・夢・思想』においては、ユング
は、この神秘的経験について、ダン
テの天国編に影響を受けた言葉で
「それは筆舌に尽くしがたい歓喜の
状態であった。その場には天使が現
れ、天使は光であった」（河合隼雄
他訳、1973年、みすず書房）と表現
しています。この「筆舌に尽くしが
たい」という言葉は、エレウシスの
秘儀の加入者が使った言葉で、「言
い得ない」という意味です。ユング
は後に、大著『結合の神秘』におい
て、これらのヴィジョンの意味を、
心理的、理論的に表現することにな
ります。

図6　アイオーン

6　ミステリウム・コニウンクチオニス

　「本書——私の最後の著作——は、
10年以上前に執筆が開始された」と、
『結合の神秘』の序言でユングは述べています。そしてこの本は、疑いな
く、彼の著作のうち、最も難解なものです。錬金術の参照や引用がぎっし
り加えられており、それらの多くが、ラテン語やギリシア語であり、現代
の読者がいつものように速読しようしても思うにまかせません。我々の多
くと異なり、ユングは、原語で錬金術の文献を読むことができ、彼の読者
も彼と同様に古典語の教育を受けているだろうと思っていたようです。ユ
ングは、後に「錬金術を理解するためには、ラテン語とギリシア語の知識
が必須である。私は翻訳されていない多数の文献を読んだが、今日でも、
それらは翻訳されていない。翻訳されたものの中では、私はラテン語で読
むことを好んだ。ラテン語の方がよりわかりやすいからである」と語って

います。

　さらに、『結合の神秘』の最終的な終着点には、魅惑的ではあるものの、多くの迂回路や脇道があり、読者は、しばしばフラストレーションを感じ、戸惑い、途方にくれてしまうでしょう。読者に対極の結合とは心理的に何を意味しているのかを理解させるという本著作の最終ゴールへと至る道は、目次の明解さにもかかわらず、一筋縄にいかないものになっています。ジェームズ・ハイジック（James Heisig）は、この構造は「ユングが自分の錬金術的文献に関するファイルを投入できる一種の型」に他ならないといいます。私の考えでは、これは文献を十分時間をかけてじっくり読み込んでいない学生的な意見です。しかし、表面的なレベルでは、言い得ている点もあります。この著作は、相当にもつれ合っており、錬金術の文献から派生している糸を微妙に織り込んでいます。この意味で、本著作は、ユングが用いている錬金術の著作に似ています。ユングは、ある種の錬金術の著作の鏡映像を産み出したのです。

　『結合の神秘』のテーマは、意識と無意識の複数の水準での本質的な心理的変容に関わっています。これを探求するために、ユングは、預言者マリア（Maria Prophetessa）、セニオル・ザディト（Senior Zadith）、ゲーベル（Geber）、ニコラ・フラメル（Nicholas Flamel）、ゲルハルト・ドーン、ヴァレンティヌス（Valentinus）、レイモンド・ルーリー（Raymond Lully）、トマス・ノートン（Thomas Norton）、パラケルスス（Paracelsus）、アブラハム・エレアザール（Abraham Eleasar）といった主要な錬金術の人物の著作や、これに加えて彼の大コレクションの錬金術の文献を用いています。彼が数十年にわたって収集した錬金術的著作の個人蔵書は、当時、世界で最も広範囲に及ぶものの一つでした。

　現代人の理解を阻むこの厳しい壁として、ギリシア語やラテン語の引用句が、曖昧な錬金術の著作にもともと複雑にからみあいながらつながっていることや、直線的というよりは円環的な説明の仕方に加えて、さらに、本書の内容を理解しようとする読者は、ユングの他の著作についても熟知していなければならないことが挙げられます。本書は、いわば1900年から1955年までのユングの著作のピラミッドの頂点に位置しているのです。

　『赤の書』が2009年、『黒の書』が2020年にそれぞれ出版されており、こ
れらは『結合の神秘』出版の50年後のことになります。そのおかげで、ま
すますその複雑さが増すことになりました。なぜなら、この２つの書は、
今や『結合の神秘』を適切に理解するために欠かせない必読書と考えられ
るようになっているからです。何と過大な要求であることでしょう！　多
くの人々はこの本を書棚に戻し、後で読もうということになるでしょう。
私も、今この研究をしながら50年をすごしていますが、いまだに、心理学
的な知恵の宝石が隠された広大な原野にいて、新人探検家のようにきょろ
きょろしている感じです。「ミステリウム」という言葉は、決して場違い
ではありません！　そして、実のところ本書こそ、すべてのユングの著作
の中で私が最も好きな著作です。

　我々は、この晩年の著作を、著者の個人史、学術史の文脈から見ていく
必要があります。『結合の神秘』は、ユングの何十年にもわたる西洋の錬
金術文献の研究の学術的な要約をはるかに超えるものです。それは、心理
的、霊的な変容の神秘的な過程の深みに到達しています。それは曖昧でほ
ぼ解読不可能なテキストに刻まれており、今日においては個性化と関連づ
けられています。基本的に、『結合の神秘』は、個性化に関するユングの
最後の記述であり、人間が到達できる最も深い部分に達しています。それ
は心理的な全体性とその実現の道のりに関する人間の可能性について語る
著作です。『結合の神秘』は、全集の中で唯一、そのタイトルが専門用語
にもドイツ語にも、またどんな言語にも翻訳されていない巻です。ラテン
語そのものと同様に、それは普遍的で時間を超越した現象を表しています。
タイトルは、この重厚な著作に、元型的な質を与えています。それは神秘
的なオーラをまとっており、タイトルそのものにそれが表れています。

7　ゲーテの『ファウスト』とカール・ケレーニイ

　序章において、ユングは『結合の神秘』は最初、カール・ケレーニイの
モノグラフである『エーゲ海の祭祀』によって着想を得たと述べています
（図７）。その初版は1940年に出版されたケレーニイの小著であり、ケレー
ニイらしい華麗さがその特徴として見られます。それはゲーテの『ファウ

スト』の第２部の一場面についての考察で、彼が専門とする古代ギリシア
の神話学的な領域のものです。著名なギリシア神話研究者であるケレーニ
イは、当時、エラノス会議のレギュラー参加者であり、ユングの尊敬する
同僚であり、友人でした。『ファウスト』のこの場面は、神話学的なギリ
シアの想像上の空間を舞台としており、そこに強い元型的な要素が存在し
ていたため、ユングは、このケレーニイのモノグラフに強い興味を持った
のでした。

　『ファウスト』の第２部は、その性質全体があきらかに象徴的です。現
世を舞台として主人公の人生の前半の物語である第１部と違って、第２部
は元型的な形式の想像的な領域を舞台において、象徴的な出来事が起こり
ます。ゲーテは『ファウスト』全体を、彼自身の内的生活を説明するもの
と見なしていました。そして第２部は、彼の経験や彼の後半生のアクティ
ブ・イマジネーションと関連していました。ダンテと同様に、彼はそのマ
グヌム・オプスをその死の少し前にやり遂げたのでした。この作品の第２
部はゲーテの個性化の最終段階にお
ける心理的、霊的な旅の詩的な要約
であると読むことができます。そこ
で彼は、集合的無意識を探求し、元
型的な変容と救済の源、彼が「永遠
の女性」と呼ぶものの救済を発見し
たのです。

　ケレーニイが記述したエピソード
の中で、特にユングの注意を引いた
のは、ホムンクルスという錬金術的
人物の劇的な出現と（図８）、そし
て、その後に続く美しきガルテアと
のコニウンクチオニスの劇的な場面
に違いありません。この物語におい
て、ホムンクルスはファウストの研
究室で、教授の助手のワグナーによ

図７　ケレーニイのモノグラフ『エーゲ海
の祭祀』（1940年）

って生み出されます。彼が完全な人間として生まれ変わる方法を懸命に探している場面で、「小さな人間」と出会うことになります。この「小さな人間」はまだその生を享けた錬金術の容器の中に閉じ込められており、何とかそこから出て実体としての人生を送ろうとしています。

図8　容器の中のホムンクルス

彼が息を飲むほど美しいガラテアが貝殻に乗って海岸に流れ着いたのを目にしたとき、彼は電気を帯び、輝き始めます。彼は傍らにいる哲学者に助けを求め、哲学者は彼を海に投じ、彼は熱く燃えながら、この恋人を追い求めます。彼女が近づくと彼の興奮状態が増すので、彼は、ますます明るく輝き、彼らがついに出会ったとき、彼のエネルギーがそのガラス玉を破って、2人はその情熱的なコニウンクチオニスの熱狂で、水を沸きたたせます。この信じがたい場面を目撃して、セイレーンらが歌います。

　　ぶつかり合って、光って砕ける波を、
　　明るく照らし出す、あの不思議な光はなんでしょう。
　　光って、ゆらめいて、こちらの方まで明るく照らす。
　　夜の海上に散らばり燃えています。
　　何から何までの周囲に火が流れています。
　　さらば、なべてのものを生み成せるエロースの神よ、
　　一切を御意のままにお任せ申します。
　　神聖な火にかこまれた海を、
　　波を、水を、火を、比類なき奇蹟を、
　　われら、称えん。
　　　　　　　　　　（『ファウスト（二）』高橋義孝訳、1968年、新潮文庫）

　ユングによれば、この場面は、「キリスト教薔薇十字の化学的結婚に基

づく場面であり、それ自体は錬金術の伝統的な聖婚の象徴の産物」です。『ファウスト』のこの場面は、ミステリウム・コニウンクチオの劇的な例であり、ユングの心に深く印象づけられました。その結果、彼は、後に代表作になる、錬金術的象徴と個性化に関する著作に取り掛かります。

　ケレーニイは『エーゲ海の祭祀』に関するコメントを簡潔にまとめています。「ホムンクルスの冒険は、生成−出芽、新生のミステリウムである」。情熱的な愛の営みは、その後に続く変容の神秘の始まりとなります。それは個性化の次の段階の種を蒔きます。

　ゲーテの詩において、この次の展開は、ファウストと聖ヘレナとの想像上の愛の営みに至ります。聖ヘレナは古典ギリシア文化の元型的なアニマ像です。ファウストは、彼女とともに早熟な奇跡の子どもを産み出します。少年ユーフォリア（幸福）です。彼は、あまりに空高く、遠くに飛翔し、彼らの足元に激突し死にます。そこでヘレナは立ち去って死の国に戻ります。最後に、100歳という成熟の年齢において、「永遠の愛」の力で、ファウストの魂は解放され、彼の身体を離れ、天国に召喚されます。そこで神秘合唱団が歌います。

　　　すべて移ろいゆくものは、
　　　永遠なるものの比喩にすぎず。
　　　かつて満たされざりしもの、
　　　今　ここに満たさる。
　　　名状すべからざるもの、
　　　ここに遂げられたり。
　　　永遠にして女性的なるもの、
　　　われらを牽きて昇らしむ。　　　（上掲書）

　これがゲーテの『ファウスト』の結論であり、ダンテの神曲とそれほど隔たってはいないものになっています。

8　セルフの再統合

　ユングがケレーニイの小著を読んでいた当時（1940年代初頭）、彼は錬金術の研究に深く没頭しており、「近代人（すなわちウォルフガング・パウリ）」が、ユングの弟子、エルナ・ローゼンバウムとの分析の間に記録した夢とヴィジョンのシリーズの分析のために錬金術の象徴との関連性について広範な解説を書き上げたばかりでした。この魅惑的な解説は、セミナーや講義として数年間にわたって書かれたもので、その決定版は、1944年の『心理学と錬金術』の第２部として出版されました。おおよそ並行した時期に、ユングはケレーニイの『エーゲ海の祭祀』について簡単なレビューだと考えていたものを書き始めました。しかし、実際着手してみると、それは転移に関するエッセイ（『転移の心理学』全集第16巻）になりました。それは1946年に出版され、そして10年ほど経ってから、記念碑的な『結合の神秘』が出版されました。この２つの著作は、対極の結合の問題に焦点づけられていました。それは、錬金術における対極の結合と、心的な対極の結合でした。

　『心理学と錬金術』において提示された素材と、その後の２著作の間をつないでいたのは、ミステリウム・コニウンクチオニスの３種類の表現、聖婚というユングの個人的な経験によって構成された印象的なヴィジョンでした。これらについて、ユングは畏怖と感謝の感情をこめて述べています。「私はこのような経験がありえるとは想像だにしていなかった。それはイマジネーションの産物ではなかった。ヴィジョンと経験は文字通りの現実だった。それらは決して主観などではなく、すべてが絶対的な客観の性質を帯びていた」。

　この絆と存続する統合——結婚——は、『転移の心理学』と『結合の神秘』で記述されたプロセスの最終ゴールです。ユングにとってこれらの文献の執筆は、その心臓発作からの回復途上の変容的なヴィジョンの経験において起こったことの消化と統合の作業だったのです。

　ユングが『結合の神秘』においてその答えを求めようとしていた基本的な疑問は、どのように対極が結合するのか、いったい何が対極を結合させるのか、ということです。錬金術を見ると、ユングの答えは、「メルクリ

ウス」になるでしょう。それは神秘的で魔術的な「第三」要因であり、そ
れが変化のプロセスを引き起こし、二者の対立に肯定的な相互関係をもた
らすのです。このプロセスは、よく知られている錬金術の論文である『哲
学者の薔薇園』において視覚的に描かれています。そこでは太陽の王と月
の女王がメルクリウスの水槽に彼らの裸体を沈めています。そこで彼らの
手は友情の印として組み合わされています。明らかにある種の愛が、彼ら
をこの始まりの段階から次の段階へと進ませていきます。ユングによる
『結合の神秘』は、ある心理的プロセスの詳細な研究です。それは、この
２人の人物が一対の対極として表すものの永続的な結合を形成する心理的
プロセスです。

　タイトルのミステリウムは、個性化の過程で必ず生じる変容が秘密で、
言葉にし得ない、不可解な性質を持つことを知らせてくれます。それは古
代の秘儀宗教の加入者の経験と似ています。進行過程にあるミステリウム
は２層構造になっています。

①変容は、プロセスのマスター（霊的導き手すなわちセルフ）である目に
　見えない（無意識の）要因によって引き起こされる。
②それは、部分的に地下世界や暗い洞窟のような無意識の領域で、しばし
　ば静かに、いつのまにか生じるが、例外的に意識において精神病の発症
　に似た崩壊を引き起こすことがある。

　自我意識の観点から言えば、変容のプロセスの神秘的な作用は、人格を
分化と統合の両方向に動かします。それは一連の夢やアクティブ・イマジ
ネーションのヴィジョンの経験によって知ることができます。ウォルフガ
ング・パウリの夢とヴィジョンの系列は、ユングの『赤の書』と、その後
のヴィジョンの経験と同様、この変容の神秘の一例です。
　『結合の神秘』の最終章である第６章は、個性化の段階について、いく
らか実践的な情報を提供しています。それは、分離より統合に関わってい
ます。ユングは、お気に入りの錬金術の著者ゲルハルト・ドーンの著作を
引用し、コニウンクチオニスの３段階について記述しています。

①ウニオ・メンタリスの達成、それは魂と霊の結合である。
②ウニオ・メンタリスと身体の結合、それは前段階では放置されていた。
③ウヌス・ムンドゥス（分裂のない一つの世界）との結合。

　ドーンのモデルは、魂と身体が融合してそれは身体における自然な本能的生活であるところのウニオ・ナチュラリスと呼ばれる初期段階から始まります。ある時点で、変化が触発され、ウニオ・ナチュラリスは、身体から魂の分離（セパラチオ）のプロセスに入ります。それは、一種の覚醒です。意識は、状況を吟味し、身体的欲望と魂の思惟を分化させます。ある一定の境界期が継続し、そこで魂は霊に近づき、これと結合します。新しいタイプの意識とアイデンティティが発達し、そこではもはや、自我－身体の同一視や自我－ペルソナの同一視が存在していません。こうしてドーンの変容のモデルの最初の段階が完了します。彼は、その結果をウニオ・メンタリスと名づけました。
　ユングによれば、ウニオ・メンタリスは心に対する心理的覚醒の状態であり、もはや身体的欲望や本能的衝動やペルソナの社会的承認への欲望に支配されない状況です。個性化のこの段階では、新しいタイプの個の自由と内的方向づけが達成されています。魂と霊の結合しているこの段階に達するために、「身体」は、一種の保留の段階に取り残されています。それは存在しているのですが、死んだように眠っているのです。言い換えると、身体表象は、もはや心の決定要因ではなくなっています。この発達段階においては、認知（メンタリス）は、身体性－情動性を凌駕しています。
　さらに、ウニオ・メンタリスに続く第二の合併の段階は、身体との再統合です。決定因から除外されていたものがここで再び取り上げられ、再活性化され、新しい使命が与えられます。身体はもはや自我に関して支配的ではありません（むしろ自我と身体は、ここでウニオ・メンタリスに仕えています）。この段階で発達するのは、この世界での生活に対する、実践的で、倫理的に啓発され、熱意ある態度です。それは異世界を志向するものでなく、むしろこの世界の社会的、物質的な存在に根差しています。身体は、ウニオ・メンタリスのより意識化された状態に組み込まれ、その目

的や活動を共有しています。

　最終段階として、そこには不可思議な、実際に神秘的な、中世の著者らがウヌス・ムンドゥスと呼んだものとの、第三のコニウンクチオがあります。ウヌス・ムンドゥスとは、「一つの世界」を意味します。この語句は、一般に共有されている中世的な知覚であり、存在しているあらゆるものは、単一の統一された現実の中に所属し、その中に包含されていることを意味します。それは存在のアルファとオメガです。ユング派の心理学において、それは集合的無意識に一致しており、その中心と外縁がセルフです。スコラ派の哲学においては、それは神の霊の賜物とされています。換言すると、聖霊、すなわち愛の霊です。個人的なアイデンティティを究極の超越的現実に結びつけることで、同様にほぼ万物を包み込む霊的生活がもたらされます。このドーンの述べる３つの結合の結果として、すべての対極が、両方の内在（身体）と超越（魂と霊）の次元の全体として統合されるのです。

　個人の自我意識はさらに、超個人的な全体性のマトリックス（あるいはフィールド）の内に保存され、その結果、多様性（すなわち個人性）と統一（全体性）はともに維持されます。これは、個人主義的でもなく、全体主義的なモデルでもありません。これは多元主義と統一、多数と一のミステリウム・コニウンクチオニスなのです。

　個性化の３段階は、より大きな意識に向かう進歩的な動きを示しています。それは自我意識を、内的世界と外的世界の深い相互的な関連を実現している状況に向かわせます。「全体」なるものには、個人とともにあらゆる存在──コミュニティ、地球環境、宇宙が含まれます。この意識性の最終発達はもちろん、『結合の神秘』の第１章から第５章で記述されていた心の深層の変容を前提としています。個性化のゴールには割引チケットは存在しません。

　究極の全体性をめざすプロセスとしての個性化のこの３段階の記述は、逆説的に、分析において観察される意識性に向かう発達について考える実践的なモデルを提供します。

　主体が持続的に影と対決し、アクティブ・イマジネーションで集合的無意識の人物と関わるうちに、ある種の内的世界が立ち現れます。その内的

世界は自我を包含していますが、その中心に自我をおくことはありません。セルフが視野に入り、その中心性を示されるようになると、自我は相対化されます。天国編で示されたダンテの経験は、この心理的なヴィジョンの宗教版として見事に描かれたものです。

　『神曲』の最後の歌は、宗教的な顕現であり、それは最も深遠な変容をもたらします。

> 　私の空想の力もこの高みには達しかねた。
> 　だが愛は私の願いや私の意（こころ）を
> 　均しく回る車のように動かしていた。
> 　太陽やもろもろの星を動かす愛であった。
> 　　　　　　（『神曲　天国篇』平川祐弘訳、2009年、河出文庫）

9　結論

　『結合の神秘』の蒸留されたメッセージは、ある約束として語られています。その約束とは、「全体性は高い代償が伴う。しかし、そのためにどれほど苦しもうとも、その苦しみは報われる。報われることのない全体性のための苦しみは決して存在しない」というものです。

　その報酬はさまざまです。個人的および集合的な内的世界の知識、個人的および非個人的な次元でのセルフの神秘の感覚、多様性における安定した一体感の確立、人生における目的と意味についての展望、批判的ではなく、しかし全体性の曼荼羅の肯定的側面と否定的側面を識別しながら、自己と他者に向けられる観点の獲得、などです。さらに他の特徴も挙げることができるかもしれませんが、一般的な概念としては、分裂し、ばらばらになり、ほとんど無意識にとどまっていた人格が、全体的になり、より意識化されるようになることです。結合は神秘的であり、そうあるべきものです。しかしセルフのイメージや、可能な限り対極を抱える安定した意識状態のイメージの形で、具体的に知ることができるのです。

　この方法は、完全性をもたらすことはありませんが、全体性をもたらします。私の考えでは、これはそのまま掛け値なしにユング自身の人生の究

極の目的であると結論づけることができます。それは彼の著書を読み、分析に携わり、個性化を真剣に追求する者にとっての人生の目的でもあります。ユングの最後の著作である『結合の神秘』は、それを余すところなく語っています。

付記：本稿は、2022年5月8日に連合会館（東京都千代田区）およびオンラインのハイブリッド形式で行われた日本ユング派分析家協会（AJAJ）主催セミナー2022年度夏学期「マレイ・スタイン先生による『結合の神秘』レクチャーとディスカッション」（Murray Stein・吉川眞理）をまとめたものである。

マレイ・スタイン（Murray Stein）
アメリカのユング派分析家。1969年イェール大学（神学修士）修了。1973年チューリッヒのユング研究所で分析家資格取得後、アメリカに戻りシカゴ大学で Ph.D. 取得。2003年スイスに移住。International School of Analytical Psychology Zurich（チューリッヒ分析心理学国際校）の設立メンバーの一人として現在も訓練・スーパーヴィジョン分析家として活動中。アジアや東ヨーロッパなど広範な地域の分析家訓練に携わり、IAAP（国際分析心理学会）会長、ISAP Zurich 会長を歴任。邦訳されている著書として『ユング　こころの地図』『BTS、ユング、こころの地図』『ひとつの心とひとつの世界』がある。現在、「マレイ・スタイン著作集2020〜2022」（第1巻：個性化、第2巻：神話と心理学、第3巻：変容、第4巻：ユング派分析の実践）が公刊中。

論　文

研究論文

『赤毛のアン』と母なるもの
ケルトの死生観

原 田 久 仁 美

兵庫医科大学保健管理センター

1 はじめに

　わが国でおなじみの『赤毛のアン』は、村岡花子が、スコットランド系カナダ人である Montgomery, L. M. の『Anne of Green Gables』（1908）を日本で初めて翻訳し、1952年に刊行された。松本侑子は、日本で出ている『赤毛のアン』が全文訳でないことに気づき、1993年に註釈付全文訳を出版、2000年、2019年に訳文、訳註の改稿を行っている。松本（2019）によると、『赤毛のアン』は、ブラウニングの詩に始まり、ブラウニングの詩に終わり、作中には、シェイクスピア劇、英米詩、聖書の句、アーサー王伝説からの引用が約100か所あり（p.588）、「『アン』に引用される文学作品には死の影が濃い」（松本, 2001, p.66）。

　アンは生後3か月で孤児となり、手違いから初老のマシューとマリラの兄妹に引き取られることになる。幼くして親を喪うことは、「私はどこから来て、どこに行くのか」「私とは何か」という他界やアイデンティティ等の根元的な問いを、人生の早期から考えることになる。河合隼雄は、「人間が『私』ということを、しっかりと定位しようとするとき、それはこの世の存在を超えた何かと関連づけられることを必要とする」（河合, 2000, pp.104-105）、「この世は他界によって、その存在を基礎づけられる」（河合, 1989, p.296）、「外的世界と内的世界の両者とのかかわりによって、

人間存在は確かな位置づけを得るのである」（河合, 2000, p.201）と述べている。愛に飢え、ネグレクトの状態で生きてきたアンは、マシューとマリラに出会い、自分以外の誰にもなりたくない、私は、この真珠の首飾りをしたグリーン・ゲイブルズのアンで、心から満足していると語るようになる。作中では悲劇や死のイメージが繰り返し出てくるが、想像力が豊かで愛と希望に満ちたアンは、アイデンティティを得ることができると思われる。本論では、そのアイデンティティがどのようなものであるのかを明らかにするために、ユング心理学の観点から、『赤毛のアン』を通して、母性についての様々な諸相を検討し、そのダイナミズムを探る。なお、訳文は松本訳（2019）、英文は Puffin Books 版から抜粋している。

2　物語からの分析

(1)　雪の女王様（スノー・クイーン）

「木は母性の象徴」（Hark, 1986/1992, p.51）であるが、アンはグリーン・ゲイブルズに来た日に、庭の桜に《雪の女王様》と名づける。雪の女王と言えば Andersen（2005/2012）の童話が有名であるが、Montgomery の自叙伝（Montgomery, 1917/1979）には、「ハンス・アンデルセンの物語——これはいつ読んでもおもしろい、永遠のよろこびを与えてくれる本でした」（p.65）との記述がある。Dieckmann（1978/1992）は、患者の子どもの時のお気に入りのおとぎ話と患者の運命と体験との数多くの相似に驚き（pp.123-124）、「そのおとぎ話が、集合的無意識の魔術的神話的な背景を含み、それとともに患者のコンプレックスの中核的な象徴を含んでいるということ」（pp.130-131）を指摘している。そして、「特に、《おとぎ話の中の》敵対者とか相棒は、主観的水準において自分自身の無意識的なコンプレックスが人間の形をとったものである、ということを理解することは

重要である」（p.158）と述べている。ここでは、『赤毛のアン』の《雪の女王様》と Andersen の『雪の女王』のイメージについて検討する。Andersen の物語は、悪魔の作った鏡のかけらがカイの目と心臓に入り、カイは雪の女王に連れ去られ、寒さも感じなくなりゲルダやおばあさんや家族のことも忘れる。雪の女王のお城は凍えるほど寒くキラキラと輝き、カイの生き生きとした感情は失われるが、ゲルダの熱い涙により記憶と感情を取り戻し家に帰る。Jung（1954/1999）は、母の基本的特性として、守り育む慈愛、狂騒的情動、冥府的暗黒の 3 つの特性をあげている（p.108）。カイの成長を妨げる雪の女王の性質は、死の世界に導く母の冥府的暗黒の側面である。Birkhäuser-Oeri（1976/1985）は、「植物や動物が暖かさがないと成長できないように、人間ないしその中のある種の未発達な部分も、母性的無意識、本能世界、非合理的活力との関わりなしには成長しえないのである」（pp.145-146）と述べている。

　マシューは、農作業を手伝ってくれる男の子を引き取るため駅に来たが、そこにいたのは、年の頃は11歳くらいのアンであった。アンは、迎えが来なければ山桜の木に登り夜を明かそうと決めていた。「少しもこわくないわ。月明かりに照らされた満開の桜の白い花のなかで眠るなんて、すてきでしょう？　大理石の広間で暮らしているところを想像できると思うわ……」（p.26）。桜の花の中で眠ることは大理石の広間で暮らすことを意味し、硬くて冷たい大理石は、雪の女王の大広間を連想させる。山口（2009）は、お気に入りの童話が Andersen の「雪の女王」であったクライエントの凍りついた創造性を開放するための旅を共にし、雪の女王を、「この人自身の中にある、何かを凍りつかせるような冷ややかな側面だと考えられる」（pp.6-8）と述べているが、それは同様に、アンの中にも存在する凍らせる何かかもしれない。また、Montgomery の人生最初の記憶は、1 歳 9 か月の時に亡くなったお棺に眠る美しい母の姿であった。母のほおに触れた時の冷たい感触が今も忘れられず、その冷たさが彼女を震え上がらせたことが、自叙伝（Montgomery, 1917/1979, pp.13-14）には記載されている。雪の女王は、作者の母の記憶につながる死の世界のイメージかもしれない。

(2)　「父の娘」アン

　マシューは、内気で無口で女性を恐れているが、「一旦こうと思いこむと、だんまりを決めこんで、梃子でも動かない」（p.60）。その彼が、アンのおしゃべりにじっと耳を傾け、アンを討論クラブの演芸会に行かせてやらなければいけないと言い、アンと他の子との違いに気づき、アンに流行のパフスリーブのドレスを贈る。また、エレーンになって溺れかけたアンに、「おまえのロマンスだがね、すっかりやめてしまってはいけないよ、アン」（p.360）と言う。マシューの死の前夜、自分が男の子だったらよかったと言うアンに、「そうさな、でもわしは、一ダースの男の子よりも、アンのほうがいいよ」（p.460）と語る。2人の絆は強く、それはアンが父性原理との結びつきが強いことを示す。アンは、赤毛をからかったギルバートの頭を石板で叩き、石板は真っ二つに割れる。また、ギルバートが捧げたメイフラワーの花を拒絶し、川に流されたアンを救った彼の仲直りの申し出も断る。アンには、河合（1996）の言う「父の娘」としてのギリシア神話の女神アテネーの特徴がよくあてはまる。アテネーは父親ゼウスの頭から、完全に武装した姿で生まれ、戦いの神であり、勇気や知力の面に関係しており、処女性を守り抜き、自分に恋をしたヘーパイトスをはねつけるが、そのような特徴が顕著にあらわれる時期が、思春期が訪れる直前である（河合, 1996, pp.192-194）。

(3)　母なるもの

　マリラは教訓好きな中年女性であり、彼女もまた父性原理が強く働く女性である。しかし、リンド夫人がアンの外見をみっともないと言った時にはアンをかばい、アンが不登校になった時はアンが自ら登校するまで待つというように、自らの母性によって変化していく。

　アンは、本棚のガラスにうつる自分の姿にケイティ・モーリスと名付け、小さな緑の谷のこだまをヴィオレッタと呼び友達になるが、これは「イマジナリーコンパニオン（想像上の友達）」という現象である。心理療法研

究会（2010）は、発達過程にある子どもにしばしばみられ（p.19）、その
存在は、慰めてくれたり励ましてくれたり、時には良き相談相手となり、
彼らの発達や適応を支え促す存在となり、それが現れる背景として、さま
ざまなストレス状況から心を守るためのこともあれば、人とのつながりを
求めている場合や、対人関係を作っていく準備段階として生じる（p.23）
と指摘している。マリラは、「くだらない空想を頭から追い払うには、本
ものの生きた友だちを持つべきだよ」（p.98）とアンを現実の世界に導き、
アンはダイアナと親友になり、想像上の友だちは必要なくなる。アラン牧
師夫人、ステイシー先生、老婦人のミス・バリーは、アンに愛情深く関わ
り、ミス・バリーはアンを豪華な屋敷に招待してくれるが、アンは、マリ
ラがアンのために鶏をつぶしてローストチキンを作り、マシューと共に、
アンの帰りを待っていてくれた家が一番すばらしいと悟る。

⑷ 超越とアイデンティティの獲得

　マシューの死により、老いたマリラのために、アンは自ら勝ち得た大学
進学の夢を自ら手放す。「私はここで生きることに最善を尽くすわ」
（p.479）。これは自己犠牲というより、女性本来の強さによって導かれた
決断と言えるのではないだろうか。アンは、自分のとるべき道を、勇気を
もって正面から見すえる聡明さと自我の強さを持つ。後に、『アンの愛情』
（Montgomery, 1915/2019）では、状況が整い、アンはマリラの勧めで大学
に進学している。また、アンはマシューの墓に、彼の母がスコットランド
から持ってきた、彼の大好きな小さな白いスコッチローズを挿し木する。
河合（2000）は、「この世の人との関連によるアイデンティティは、いか
に堅固に見えても、うつろいやすさがある。しかし、死者との関係は変わ
ることがないのではなかろうか」（p.179）と述べており、アンのアイデン
ティティは深まるであろう。物語の始まりのアンの心の中の雪の女王の大
地は、物語の終わりではスコッチローズが母なる大地に根付くイメージで
終わる。また、マシューの死の前夜、「窓の外には、《雪の女王様》が、月
の光を浴びて、白いかすみのような桜の花をまとっていた」（p.460）が、

最終ページでは、「風は桜の枝をそよそよと優しく揺らし」（p.487）と表現されている。アンは、墓でスコッチローズに水をやった帰りにギルバートに偶然出会う。アンの命を救い、大学進学を諦めたアンに教師の職場を譲ってくれたのもギルバートであった。アンは、お礼と後悔の気持ちを告げ、2人は和解する。ここでは、マシューの死、アンとマリラの母性的エロスの回復、アンとギルバートとの出会いという死と再生のコンステレーションが生じている。生み出し育む地母神のイメージと、全てを呑みつくす死の神としてのイメージを持つ母なるもののイメージを Jung はグレート・マザーと呼んだが、それは人間の最も奥深いところの集合的無意識の層にあって人類共通のものとされる。マシューはグレート・マザーの死の世界に、アンとマリラはグレート・マザーの大地につながり癒される。「『神は天にあり、この世はすべてよし』アンはそっとつぶやいた」（p.487）。その安心感とは、グレート・マザーの守り育む慈愛の世界につながる自身のアイデンティティへの信頼であろう。

3　悲劇と霊魂再生説──意識と無意識の相補性

　アンが暗誦できるリディア・シガニーの『忠犬、主人の墓を守りて』の詩は、飼い主を亡くした犬が主人を待ち、墓を守り続けやがては衰弱し死ぬ（松本, 2019, p.514）。

　「ミディアンの忌まわしき日に
　虐殺されし騎兵隊が倒るるごとくすみやかに」（p.132）

　アンは、この宗教詩の悲劇的な響きにぞくぞくするが、Montgomery 自身も惹かれている（Montgomery, 1917/1979, p.61-62）。アンが考えた物語では、天然痘にかかったダイアナをアンが看病し助けるが、今度はアンが天然痘になり死んで墓地のポプラの下に埋められる。アンが書いた『執念の恋敵、死すとも二人は離れず』の婚約者たちも溺れ死ぬ。アンたちの物

語クラブの４つの作品も悲劇で、登場人物はほとんど死ぬ。また、アンは
死人のエレーンになり小舟に横たわり川を流れていく。アンは明るく元気
な少女であるが、なぜ死の方にばかり向いているのであろうか。
Montgomery が少女時代に書いた物語の登場人物もたいてい死ぬ運命にあ
り（Montgomery, 1917/1979, p.79）、「小説の世界における闘い、殺人、突
然の死──これらすべては当然の理であった」（同, p.80）と記載している。
その一方で、「他の人の人生を暗くしたいなんて、願うわけなどあるわけ
がない。わたしは、楽観主義を伝える人、太陽のようにぽかぽかと暖める
人になりたい」（日記Ⅰ、339ページ）（Doody, 1997/1999, p.452）とも書い
ている。

　河合（1967）は、「意識の態度が一面的になるとき、それを相補う働き
が無意識内に存在することは、ユングがつとに認め、重要視してきたとこ
ろである」（p.57）と述べているが、アンや Montgomery の書く物語が死
に向かうことについて、意識と無意識の相補性の視点から分析する。河合
（2004）は、荒俣宏がケルトの話を「あまりにも昏い」と評したことに対
し、「確かに、ケルトの物語の登場人物は、やたらに人を殺す、自らも死
ぬ」、これは、ケルトにおいて信じられていた輪廻転生の思想が関係して
おり、自然と人間は同列に生きていると考えるケルトの場合、動物も植物
も死んだら生まれ変わるという輪廻転生的なものを人間にも当てはめてい
たであろうことが想像されるが、それはいま自分が生きている生活だけで
完結する必要がないことを意味し、死んでもまた甦ることができるのであ
る（pp.67-68）と述べている。河合の述べる輪廻転生の思想とは霊魂再生
説のことであり、それはケルト人の宗教の根幹をなす。井村（1988）は、
ケルト人の信仰は、太陽崇拝であり、占星術を重んじ、自然は霊的な力を
持つという汎神論であり、死というものを終わりとは見ず、もう一つの生
への入口であると考えた（pp.294-295）と述べている。Montgomery は、
1906年９月に、MacMillan に次のように書いている。「あなたはその霊魂
再生説を心から信じる気になりますか。わたしにとっては心ひかれるもの
です」（Montgomery, 1980/1992, p.31）。荒俣（1991）は、19世紀末に、ケ
ルト民族と文化の独立性を主張する心情が、ケルト圏全般に共鳴するよう

に爆発した（pp.229-230）と記述している。スコットランドでも、Fiona Macleod（William Sharp の女性筆名）が、『エヴァー・グリーン』誌に自然や古代ケルトを詠んだ詩を発表し（鶴岡・松村, 1999, p.130）、彼はイオナ（アイオナ）を通じて哀しいスコットランド・ケルトの物語を語り、主人公は全て本能的に死へと赴き、徹底的に哀しい（荒俣, 1991, pp.220-226）。Montgomery は、スコットランドのジャーナリストの MacMillan と1903年から1941年まで書簡を交わし、霊魂再生説に思いを巡らし、書籍や英国での書評を受け取り、新婚旅行でアイオナを訪れていることからも、ケルト復興という時代の影響を受けていると思われる。

　そして、実は作中で、アン自身がカエサルの本を読んでいる。

「'What is Gilbert Blythe going to be?' queried Marilla, seeing that Anne was opening her Caesar」（p.339）

訳者	訳と注釈
松本2019	訳：「ギルバート・ブライスは、何になるんだい？」アンが『シーザー』の本を開いたのを見て、マリラはたずねた。（pp.385） 注釈：『シーザー』……ローマの武将ユリウス・カエサル（ジュリアス・シーザー）（紀元前100頃～前44）の『ガリア戦記』を原文のラテン語で読んでいたか、あるいはラテン語のテキスト全般をさすと思われる。（p.561）
山本1999	訳：「ギルバート・ブライスは何になるの？」マリラが急いでたずねた。アンはもう、さっさとカエサルの『ガリア戦記』を開いて、勉強にかかろうとしている。（p.353） 注釈：ユリウス・カエサルの『ガリア戦記』。あるいは同書から学校の教科書用に抜粋されたもの。（p.568）
村岡1954	訳：「ギルバート・ブライスはなんになるのかい」アンが「シーザー」をひらこうとしているのを見てマリラがきいた。（p.319） 注釈なし
村岡ら2008	訳：「ギルバート・ブライスはなんになるのかい」アンが『シーザー』をひらこうとしているのを見てマリラがきいた。（p.421） 注釈なし

　アンが開いた Caesar（カエサル）とは、『ガリア戦記』であると思われる。カエサルは、前58年から51年にかけてガリアのケルト人を平定する戦いを指揮し、その戦記の第6巻には、ドルイドを含むケルト人の社会や信仰について貴重な証言を残している（鶴岡・松村, 1999, p.79）。ドルイドは霊魂が不滅で死後はこれからあれへと移ることを教えようとし、人の生命には人の生命をささげなければ、不滅の神々はなだめられないと考えており、大きな像の細枝を編んだ四肢に生きた人間を詰め、生贄として炎でまいて殺す（同, pp.79-82）（Caesar, 52-51B. C. ?/1942, pp.198-199）。Montgomery は、1905-1906年の執筆当時（松本, 2019, pp.579-580）、『ガリア戦記』をすでに読んでいたと思われる。1911年の英国への新婚旅行でドルイド教の遺跡を訪ね「血生ぐさい暗闇の中でとり行れたであろうケルトの儀式を夢想するわたし」と自叙伝に記している（Montgomery, 1917/1979, p.134）。アンや Montgomery の無意識界にケルトの死生観があるならば、死の意味は終わりではなく生の始まりであり、「楽観主義を伝える人」でありたいと願う作者の自己イメージと一致する。そして鶴岡（2017）が、「死から立ち上がる生が、最も強く豊かな生である」（p.11）と述べるように、空想の世界に夢中で現実を忘れ失敗を繰り返すアンは、まさに死から立ち上がる生のごとく変化していく。

4　ケルト的世界の特徴

(1)　自然崇拝

　アンは、植物や木、湖や泉そして路や小径に名前をつけ、それらには魂があるかのようである。Montgomery 自身も、1906年1月脱稿後、同年9月の MacMillan への手紙で、「どの木もみんな昔からの親友ですし、ひそやかに吹き抜ける風はどれも陽気な仲間ですから。もし、霊魂再生説を本

気で信じるなら、この世に生を受ける以前のある一時期、わたしは木だったことがあるのだと思うくらいです」（Montgomery, 1980/1992, p.31）と書いている。ドルイドやケルト人にとって森は聖なる場所（聖森〈ネメトン〉）であるが（鶴岡・松村, 1999, p.83）、Hark（1986/1992）は、「魂のイメージ言語や普遍的な象徴表現によれば、木は女性や母性の原像です」（p.50）と述べている。Anderten（1986/1992）によると、水と地という２つの元素は、神話学的にいえば女性的で母性的な自然現象に関係づけられ、それらはそれぞれ別の側面を具象化したもの（p.66）であるが、「ケルト世界では、聖なる泉や井戸、そしてそこの女神による病気治癒への信仰が強かった」（鶴岡・松村, 1999, p.106）。アンが名づけた《輝く湖水》《ウイローミア》《水の精の泉〈ドライアド〉》も異界の女神の水脈につながるものであろう。

(2) ケルトの妖精

　赤毛はアンのコンプレックスである。松本（2019）は、赤毛はスコットランド、アイルランドのケルト族に多いとされ、妖精や魔法など異世界に近いという迷信もあり、イエスを裏切るユダ、弟アベルを殺したカインも赤毛だったとされ、赤毛の人は信用できないという宗教的イメージがあった（p.498）と指摘している。アンは、ノヴァ・スコシア（新スコットランド）に生まれ、タモシャンター帽や乙女の未婚のしるしであるスヌードを頭に飾り、祖国の悲劇の歴史を、フロッデンの戦いの詩、女王メアリの詩を暗誦して語るスコットランド系ケルト族である（同, pp.589-590）。Montgomery は、1936年の MacMillan への手紙で、「どこかしら小妖精のような繊細な魅力を具えた女の子としてアンを描こうとした」（Montgomery, 1980/1992, p.220）と述べている。アンの瞳は光線や気分によって緑色にも灰色にも見えるが、緑がかっているのは妖精の特徴を示しており（Briggs, 1969/1991, pp.45-47）、アンには妖精の性質が備わっている。「妖精たちは、あるものは忘れられた神々、あるものは堕天使、あるものは幽霊、あるものは消滅した古代民族であるといわれている」（同, p.20）。そして、ケルトの異界は丘の中にあるとされることが多く（異界が西の海

の彼方とされる場合もある）、最も有名なのが「妖精の丘」si（d）であり、異界の住人は「妖精」と呼ばれる（鶴岡・松村, 1999, p.99）。また、鶴岡（2018）は、「そもそも『スコットランド』の語源の『スコット（人）』とは、中世初期にアイルランドから侵入したケルト系の人々の名であった」（p.408）と述べている。田中（1995）は、アイルランドのケルト人は、他界は死後に赴くどこか遠い所ではなく、シイという具体的な形をとってすぐ傍らに存在し、人びとがこの「他界」と日常的なたえざる交流を持ちながら暮している（p.70）と述べ、その精神世界を、「現世と他界の二重構造の中で生きる」（p.71）と表現している。松本（2019）は、「アンが信じるフェアリーとゴブリン、またインプ、エルフ、スプライト、スピリット、デヴィニティといった本作の七種類の妖精も、ケルト的な風土を感じさせます」（p.590）と述べるが、小川のほとりを歩き回り手を揉みしだいて悲しそうに泣き叫ぶ白い服の女の人を見ると家族の誰かが死ぬというアンの想像は、「異界の女」であるバンシーをイメージさせ、首なし妖怪男や骸骨は、ケルト人が戦闘で首狩りして獲得した人頭を保管する人頭崇拝をイメージさせる。海岸を守る厳めしい巨人のような黒々とした崖にも巨人のイメージが付与され、本棚のケイティが住む「どこもかしこもお花が咲きみだれて、お陽さまがさんさんと照っている妖精たちの国」（p.97）は、太陽を崇拝するケルトの他界のイメージとも一致する。アンは、メイフラワーは去年の夏に咲いて枯れた花たちの魂であり、首を切られた火だるまの子羊は、トーマスの奥さんの父親の兄の魂だと言うが、ケルトの神話には転生の話がたくさん出てくる。

⑶ 不運な百合の乙女

テニスンは、ブリテン島ケルト族の伝説「アーサー王伝説」をもとに、長編詩『国王牧歌』を書き、「本章は、『国王牧歌』の中の詩『ランスロットとエレーン』をアンたちが学校で習い、女の子四人が演じる形で書かれている」（松本, 2019, p.554）。アンは、なぜ自分がアーサー王の宮廷のある伝説の町キャメロットに生まれなかったのだろうかと嘆くくらいであっ

た（p.350）。エレーンはアーサー王の円卓の騎士ランスロットを恋するが、彼はアーサー王妃グィネヴィアと秘密の恋をしており、彼女は失意のあまり衰弱して亡くなり、召使の舵取りで棺となる屋形船で川を流れていく（松本, 2019, p.554）。アン以外の少女は、死人のエレーンを演じて舟に横たわり川を流れることに恐怖を感じているが、アンは、こわくない、喜んでエレーンをやりたいのだが、赤毛が変だと思っている。だが、結局アンが演じ、アンは小舟に横たわり川に流される。その舟は沈みアンは溺れそうになるが、偶然ドーリー舟で通りかかったギルバートに助けられる。アンは無意識界では、ケルト的他界（楽園）の方を向いているようである。アーサーは、晩年瀕死の重傷で、湖の女王と彼の妹の妖精モルガン・ル・フェの船でアヴァロンに連れていかれるが、アーサーは死んではおらず、アヴァロンに身を隠し、ブリテンが危機のときには再び現れるという伝承がある（鶴岡・松村, 1999, p.111）。アヴァロンとは、ケルト語の「りんご」に由来し、そこはりんごの木が一年中たわわな実をつけるりんごの島、ケルト的他界であって、ケルト的他界である以上、女人国であり、妖精モルガンが治めている国である（田中, 1995, pp.184-185）。かつてのプリンス・エドワード島はりんご栽培が盛んで、本作では6種類のりんごが登場し（松本, 2019, pp.528）、アヴォンリーもりんごの島として描かれている。アンは、現世のりんごの島で母なるものに癒されるが、それは、作者自身の現世での願いであったように思われる。

⑷　アンとケルトの戦士

　アンは、『マーミオン』の詩の一篇を口ずさみ、夢見るように牛たちの後をついて行く。
　「槍を持った不屈の勇者たちは、なおも守りを固め続ける
　猛攻撃にも崩れぬ人垣は、黒々とした森のように強い」（pp.361-362）
　アンは恍惚として目を閉じ（p.362）、イングランド軍から激しい弓矢や鈎槍の攻撃をうけてもひるまず王を守り続けるスコットランド兵に感動し、自分も勇敢な守りの兵士になり矢を受ける想像をする（松本, 2001,

pp.269-270）。好戦的、自己犠牲的とも見えるアンは、霊魂再生説に守られ死を恐れることなく勇猛に戦うケルトの戦士の姿そのものである。

⑸　ケルト・キリスト教と『赤毛のアン』

　松本（2019）は、作者はキリスト教の根本原理「隣人愛」を主題の一つとして描いており、マシューが駅にアンを迎えに行く場面に、アーサー王の伝説の騎士ロンファル卿がイエスの聖杯を探す旅の前夜に見た夢が引用され（p.586）、「マシューが、愛に飢えた孤児アン（隣人）を助けると、アンが救われるだけでなくマシュー自身も神も救われるという本作の主題を表す」（p.495）と述べている。「あの子が私たちの何の役に立つんですか」と問うマリラに、マシューは「わしらが、あの子の役に立つかもしれないよ」と答える（p.53）（松本, 2008, p.50）。2人は敬虔なプロテスタントの一派である長老派教会の信徒で、アンもお祈りをし、教会に通う。そしてマシューは、アンがグリーン・ゲイブルズに来たのは、手違いではない、神の思召しだったと悟り、物語の最後は、神への信頼と感謝に満ちて終わる（同, p.586-587）。松本（2008）は、作者が学生の頃通った長老派教会を訪ね、祭壇の十字架がケルト十字であることに驚く（p.86）。ケルト十字架は、19世紀後半の中世ケルトの美術や建築の調査により再発見され、一般に知られるようになる（鶴岡・松村, 1999, p.130）。聖パトリックは、432年にアイルランドでケルトの信仰とキリスト教の融合をはかりながら布教し、これを基盤に、同国の聖コルンバが563年にスコットランドで修道院を創設し布教した（同, p.27）。また、文字を用いることをよしとしないドルイドに代わりケルトの古伝承を書き留めたのがキリスト教の修道士であったが、彼らはケルト神話を異教として敵視するどころか愛していた（田中, 1995, pp.24-29）。長老派牧師夫人である Montgomery は、自叙伝で神を「the gods」と表現している（Montgomery, 1917/1979, p.5）。

⑹　キリスト教ゆかりの母の名とケルトの女神

　松本（2008）は、アン（Anne）は、聖母マリアの母アンナの英語名で、アンナは聖書の外典「ヤコブの原福音書」に記載があり、マリラ（Marilla）は、聖母マリア（Maria）の変形の一つで、子育ての経験のないマリラを助ける良き隣人レイチェル（Rachel）は、旧約聖書のイスラエル民族の祖ヤコブの妻ラケルの英語名であり、イエスの十二使徒のマタイの英語名を持つマシューと共に、アンに親身の愛情を注ぐ登場人物だけがキリスト教にかかわりがある（pp.87-89）と述べている。Doody（1997/1999）は、レイチェル（ラケル）は、「かの女はヨセフを産んだので、イスラエルで"母"といえば、このラケルのことである」（p.477）と述べる。つまり、アン、マリラ、レイチェルとは、「母」に由来する名前なのである。

　田中（1995）は、ケルト的キリスト教の聖アンナ崇拝について、これは聖書正伝に基づいておらず外伝「原ヤコブ福音書」を出所とし、聖アンナに対する崇拝が聖母をしのぐほどに盛んだったという現象は、神の母の母聖アンナの名が、ケルト宗教における神々の母アナ——アニャ、ダナ、ダニャ、ドーンなどとも呼ばれる——と重なったためとしか考えられない（pp.25-27）と述べ、この神々の母は超越的な存在であり、大地そのものであり、ケルト神話の女神たちは、この隠れた大地母神の分身（①豊穣と多産をもたらす女神、②土地の主権者としての女神、③戦いと殺戮の女神、④死者たちをあの世に運ぶ女神）である（田中, 1995, p.72）。アンは、聖アンナという「母」に由来する名と、大地母神アナというグレート・マザーにつながる可能性を持つが、作者の母なるものへの思いの深さが理解される。

5 日本人と『赤毛のアン』

　日本人女性は、アンと Montgomery の観光地にたくさんやってくる（松本, 2000, p.213）。また、トロント在住の図書館員の梶原（2000）に頻繁に寄せられる質問が、「日本人は、どうしてルーシー・モード・モンゴメリの『赤毛のアン』が好きなの？」であり、多くの日本女性がプリンス・エドワード島を訪れることは、カナダ国内でも広く知られている（pp.7-8）。茂木健一郎も、『赤毛のアン』は男性の愛読者も多く、「私自身もその一人である」（松本, 2008, p.4）と述べている。なぜ、日本人は、『赤毛のアン』が好きなのだろうか。

　作中の自然描写は美しく豊かで、作者がこの島を愛していることがよくわかる。われわれ日本人も自然を愛し、「土は母なるものの象徴である」（河合, 2002, p.95）。母性の原理は「包含する」機能によって示され、それはすべてのものを良きにつけ悪しきにつけ包みこみ、そこではすべてのものが絶対的な平等性をもつ（河合, 1997, p.19）。「父性原理は『切断する』機能にその特性を示す」（同, p.20）。また、「外界と内界、他界と現実界の障壁が薄いことは、日本人の自我の在り方を反映しているものと思われる。（中略）日本的な意識の在り方は、常に境界をあいまいにすることによって、全体を未分化なままで把握しようとする」（河合, 2002, p.182）と、明らかにしている。他方、ケルトの人々の他界もすぐ傍らに在り、日常的に他界と交流し、現世と他界、意識と無意識の在り方は日本人の特徴と類似する。また、昔話は極めて普遍的な性格と、ある文化に特徴的な性格とを共有しているが（同, p.8）、日本の浦島太郎に類似したオシンというお話が、アイルランドには存在する（河合, 2004, pp.43-47, p.56）。『赤毛のアン』の深層にはケルト的な母なる世界が存在すると思われるが、わが国もまた母なるものを重視する文化を持ち、これらの共通性が、日本で『赤毛のアン』が受け入れられた一因ではないだろうか。

6 さいごに

『赤毛のアン』の物語の深層には、ケルトの死生観があるように思われる。アンとマリラはそのグレート・マザーの肯定的な側面に結びつき癒され、アンはアイデンティティを得ることができる。この物語は、父性的な長老派教会の社会に暮らす人々が描かれ、その無意識下にはケルト的母性的文化が生じていると思われるが、『赤毛のアン』は、その両者のダイナミズムによって支えられている物語と言えるのではないだろうか。また、日本で、『赤毛のアン』が受け入れられた一因として、この物語と日本文化の背景に、文化的類似性、つまり強い母性原理があると思われる。山口（2009）は、「ヌミノースな力との対面は、人を深い宗教的な体験に導き、それによってより深い人格変容をもたらすこともある」（p.45）と述べているが、読者が、女性的本質的側面に沿うこの作品を私の物語として読む時、『赤毛のアン』と共に個性化過程を歩んでいると思われる。

文 献

Andersen, H. C. (2005). *H. Ch. Andersen Pohàdky II.* Prague: Brio.（天沼春樹（訳）（2012）. アンデルセン童話全集II　西村書店）

Anderten, K. (1986). *Traumbild Wasser.* Olten: Walter-Verlag.（渡辺学（訳）（1992）. 水の夢——心のダイナミズムについて　春秋社）

荒俣宏（1991）. 解説・北方の昏い星——フィオナ・マクラウドとスコットランドのケルト民族について　F. マクラウド（著）荒俣宏（訳）（1991）. ケルト民話集　筑摩書房　pp.217-241.

Birkhäuser-Oeri, S. (1976). *Die Mutter im Märchen.* Stuttgart: Verlag Adolf Bonz.（氏原寛（訳）（1985）. おとぎ話における母　人文書院）

Briggs, K. M. (1969). *The Personnel of Fairyland.* Oxford : Alden Press.（井村君江（訳）（1991）. 妖精の国の住民　筑摩書房）

Caesar (52-51B.C.?). *Commentarii de Bello Gallico.*（近山金次（訳）（1942）. ガリア戦記　岩波書店）

Dieckmann, H. (1978). *Gelebte Märchen.* Hildesheim : Gerstenberg Verlag.（安溪真一

（訳）（1992）．「おとぎ話」を生きる人たち——症例が語る心の深層　創元社）

Doody, M. A.（1997）．解説　名前、名前づけ　In W. E. Barry, M. A. Doody, & M. E. D. Jones（Eds.）, *The Annotated Anne of Green Gables*. England: Oxford University Press.（山本史郎（訳）（1999）．完全版・赤毛のアン　原書房　pp.476-481.）

Hark, H.（1986）. *Traumbild Baum*. Olten: Walter-Verlag.（渡辺学（訳）（1992）．木の夢——魂の根底について　春秋社）

井村君江（1988）．妖精の系譜　新書館

Jung, C. G.（1954）. Die psychologischen Aspekte des Mutterarchetypus. *GW* 9-1.（林道義（訳）（1999）．元型論〈増補改訂版〉　紀伊國屋書店）

梶原由香（2000）．『赤毛のアン』を書きたくなかったモンゴメリ　青山出版社

河合隼雄（1967）．ユング心理学入門　培風館

河合隼雄（1989）．生と死の接点　岩波書店

河合隼雄（1996）．子どもの本を読む　講談社

河合隼雄（1997）．母性社会日本の病理　講談社

河合隼雄（2000）．「子どもの目」からの発想　講談社

河合隼雄（2002）．昔話と日本人の心　岩波書店

河合隼雄（2004）．ケルト巡り　日本放送出版協会

松本侑子（2000）．誰も知らない「赤毛のアン」——背景を探る　集英社

松本侑子（2001）．赤毛のアンに隠されたシェイクスピア　集英社

松本侑子（2008）．赤毛のアンへの旅——秘められた愛と謎　日本放送出版協会

松本侑子（2019）．訳者によるノート——『赤毛のアン』の謎とき　訳者あとがき　L. M. モンゴメリ（著）松本侑子（訳）赤毛のアン　文藝春秋　pp.488-595.

Montgomery, L. M.（1908）. *Anne of Green Gables*. Great Britain: Puffin Books.

Montgomery, L. M.（1908）. *Anne of Green Gables*. Boston : L. C. Page.（松本侑子（訳）（2019）．赤毛のアン　文藝春秋）

Montgomery, L. M.（1908）. *Anne of Green Gables*. Boston : L. C. Page.（村岡花子（訳）（1954）．赤毛のアン　新潮社）

Montgomery, L. M.（1908）. *Anne of Green Gables*. Boston : L. C. Page.（村岡花子・村岡美枝・村岡恵理（訳）（2008）．赤毛のアン　新潮社）

Montgomery, L. M.（1908）. *Anne of Green Gables*. W. E. Barry, M. A. Doody, & M. E. D. Jones（Eds.）（1997）. *The Annotated Anne of Green Gables*. England: Oxford University Press.（山本史郎（訳）（1999）．完全版・赤毛のアン　原書房）

Montgomery, L. M.（1915）. *Anne of the Island*. Boston : L. C. Page.（松本侑子（訳）（2019）．アンの愛情　文藝春秋）

Montgomery, L. M.（1917）. *The Alpine Path: The Story of My Career*. Createspace Independent Publishing.

Montgomery, L. M.（1917）. *The Alpine Path: The Story of My Career*. Ontario: Fitzhenry & Whiteside.（山口昌子（訳）（1979）．険しい道——モンゴメリ自叙伝　篠崎書

林）

Montgomery, L. M. (1980). *My Dear Mr. M: Letters to G. B. MacMillan.* F. W. P. Bolger & E. R. Epperly (Eds.), Toronto: McGraw-Hill Ryerson.（宮武潤三・宮武順子（訳）(1992). モンゴメリ書簡集 I ――G. B. マクミランへの手紙　篠崎書林）

心理療法研究会（著）岡野憲一郎（編）(2010). わかりやすい「解離性障害」入門　星和書店

田中仁彦 (1995). ケルト神話と中世騎士物語――「他界」への旅と冒険　中央公論社

鶴岡真弓 (2017). ケルト再生の思想――ハロウィンからの生命循環　筑摩書房

鶴岡真弓 (2018). ケルトの想像力――歴史・神話・芸術　青土社

鶴岡真弓・松村一男 (1999). 図説ケルトの歴史――文化・美術・神話を読む　河出書房新社

山口素子 (2009). 山姥、山を降りる――現代に棲まう昔話　新曜社

（2021年 6 月14日受稿　2022年 3 月27日受理）

● 要約

　人間が、「私」ということを、しっかりと定位しようとする時、この世の存在を超えた何かと関連づけられることを必要とする。『赤毛のアン』の物語において、孤児のアンは、マシューとマリラに引き取られ、アイデンティティを得ることができたと思われる。本論では、それがどのようなものなのかを明らかにするため、ユング心理学の観点から、この物語を通して、母性の諸相を検討し、そのダイナミズムを探った。アンとマリラは、母なるものの肯定的な側面に結びつき癒されていく。この物語は、一神教の父性的な長老派教会の社会で暮らす人々が描かれており、その無意識下にはケルト的母性的文化が生じており、この物語は、その両者のダイナミズムによって支えられていると言えよう。そして、この物語の深層には、ケルトの死生観が存在していると思われる。さらに、なぜ日本の人々が、この物語が好きなのかということについても、日本の文化的な背景から考察をした。日本の文化と、この物語の背景には、文化的な類似性、つまり強い母性原理があるのかもしれない。

　　キーワード：ケルトの死生観、母なるもの、ダイナミズム

"Anne of Green Gables"and the Great Mother Archetype: Celtic View of Life and Death

HARADA, Kunimi

Hyogo Medical University Health Center

When we try to discover ourselves firmly, we need to be associated with something beyond the existence of this world. Anne, an orphan, was adopted by Matthew and Marilla in the story of "Anne of Green Gables" and I think she could build her identity because of that. What kind of identity was it? I examined various phases of maternity through this story and searched those dynamism from the Jungian point of view. Anne and Marilla are healed by being associated with the positive side of Great mother archetype. Those characters in this story are leading their lives in a monotheistic and paternal presbyterian society and a Celtic maternal culture arises in the unconsciousness. This story is supported by dynamism of them. It seems that Celtic view of life and death exists in the depth of this story. Moreover I considered why Japanese people like this story from the cultural background of Japan. Behind Japanese culture and this story, they might hold the cultural similarity, in other words, a strong maternal principle.

Key Words: Celtic view of life and death, the Great mother archetype, dynamism

研究論文

『思い出のマーニー』にみる思春期女性の心の変容
移行期の心を支える想像の仲間・親友と、母なるものとのつながり

須 藤 春 佳

神戸女学院大学

　『思い出のマーニー』は、英国作家 Robinson, J. によって1967年に発表された児童文学作品である。日本では、2014年スタジオジブリによって映画化された。本稿では、この作品を、思春期女性の心の成長・変容という視点から考察することを目的とする。

1　女性の心の発達と思春期──母親からの分離というテーマ

　思春期の女性の心の発達を考える上で鍵となるのが、母親からの心理的な分離である。思春期という時期は、第二の分離・個体化（Blos, 1962）とも言われ、心理的な親離れと子ども自身の自己形成が課題となる。自己形成のプロセスは、男女で異なる経過をたどるとされるが、本稿では女性のプロセスに焦点を当てる。

　Jung（1999）は母と娘の絆について、「全ての母は自分の中に娘的な面を持ち、どの娘も自分の中に母的な面を持っている。（中略）全ての女性は、後に向かっては、その母に繋がり、前に向かっては、その娘に繋がっている」（p.148）と述べ、母と娘の結びつきの強さを指摘する。また Jung は、仮説的概念であって人間の心の深層に存在し、具体的な現象やイメージを通してその特徴が表れる普遍的な型を「元型」と定義し、母なるもの

の元型として、「母元型」を想定した。母元型には多くの側面があるが、具体例として、自分の母と祖母、継母と姑、養母、関わりのあるどこかの女性、乳母または保母、先祖の女性と白衣の女、女神、神の母、処女、ソフィア、田舎、大地、森、海、静止している水、等数多く挙げている。母元型の特性は「母性」であり、「女性的なものの不思議な権威。理性とは違う智恵と精神的高さ、慈悲深いもの、保護するもの、支えるもの、成長と豊穣と食物を与えるもの、不思議な変容や再生の場。助けてくれる本能または衝動」（Jung, 1999, p.108）などを肯定的な特性として、「秘密の、隠されたもの、暗闇、深淵、死者の世界、呑み込み、誘惑し、毒を盛るもの、恐れをかきたて、逃れられないもの」（同上, p.108）を否定的な特性として挙げ、その両面的な特性を「優しくて恐ろしい母」と定式化した。本稿においては、思春期の子どもの発達課題として、母親からの分離を考えるとき、子どもが分離を試みるのは現実の母親であると同時に、Jung が定義する「太母」を含む、個人を超えた「母なるもの」にまで拡張して考える必要があると考える。母なるものには肯定否定の両側面があり、人生の過渡期にあり生命の根源との繋がりに触れる可能性の高まる思春期を生きる子どもにとって、現実の母親との関係を通して、母なるものに触れる機会を経験すると考えられるためである。よって、本論で示す「母」は、人物としての母だけでなく、広く「母なるもの」を指すこととし、「母親」は人間としての母を指すこととする。

　Neumann（1953）は、「女性心理の発達段階」として、男性性との関わりを入れ4つの段階を提唱したが、織田（1993）は、これに批判を加え、女性における意識化や攻撃性が、男性的なものとしての借り物ではなく、本来の女性性に根差したものであると考え、新しい視点による女性の心の発達仮説として次のような段階論を呈示した。①母子一体の関係の段階、②母娘の姉妹的関係の段階、③母親の死による母娘分離の段階、④娘自身によるウロボロスとの対決の段階、⑤仮面によって守られた変容の器の段階、⑥異性との対等な結婚の段階（織田, 1993, p.61）。織田は、娘が母親から分離するための怒りを重視し、怒り（攻撃性）に、対象との分離を促進するという点で建設的な意義を認める。Neumann は侵入するウロボロ

スの父親的・男性的な性格を強調しているが、織田は母親的・女性的な性質を、同じように強調すべきと考える。このように、織田は女性の心理的自立の過程において、母との分離や、母親的、女性的なものとの関わりとそれらの変容を重視している。

2　移行期の心を支える現象としての「想像の仲間」「親友」

　思春期において、子どもの自我は急激な発達を遂げる。自意識の芽生えとこれまで自明であった日常世界が異なる様相を呈して立ち現れる自我体験をはじめ、以下に示すようなこの時期特有の現象が生じる。まず、第一に「想像の仲間（imaginary companion）」を挙げる。想像の仲間とは、「目に見えない人物で、名前が付けられ、他者との会話のなかで話題となり、一定期間直接に遊ばれ、子どもにとっては実在しているかのような感じがあるが、目に見える客観的な基礎をもたない」（Svendsen, 1934）現象である。これの出現する時期は、青年期まででは1歳～10数歳頃、消失時の年齢は4歳～10代後半と様々である（犬塚他, 1990）。森定（1999）は、10歳頃から想像の仲間が出現すると指摘し、想像の仲間は子どもの自我発達を促進し、葛藤解決の手助けや傷つきやすいこの時期の自己を守るが、その機能はその後、友人をはじめとする現実の人間関係へ移行するという。

　次に、「親友関係（chumship）」を挙げる。親友関係（chumship）とは、Sullivan（1953）が提唱し、前思春期に生じる同性同年輩の愛他的な同性友人関係を指す。幼馴染とは異なり、9～10歳前後に互いの内面的な結びつきを元に形成する友人関係であり、子どもの内面形成にとって重要な役割を果たす。chumshipを経験する機会に恵まれた子どもにとって、水入らずのchumとの関係が、家族背景等に由来する生育歴の中で形成された歪みを修正する機会にもなり、chumshipは発達促進的であると同時に心理治療的な機能がある。

　以上より、想像の仲間や親友関係は、思春期の自己形成にとって発達促進的かつ心理治療的な機能を果たすといえ、段階的には想像の仲間を経て親友関係を経験する流れがあるが、両者は重なる時期もあり、機能や働きも重なる面が多い。これらは子ども自身の内面形成を促すと同時に、母親からの分離を促進する対象として捉えることもできる。また、女性にとって、同性友人は原初の愛着対象である母親との同じ性の友人であることから、母親との関係の問題が友人関係に持ち込まれうるなど、難しい面もある。一方で、Sullivan が指摘するように、親しい同性友人との関係は、生育過程で十分に育めなかった情緒的絆を再構成するなど、子どもが発達過程で負った傷つきの修復の機会にもなり得るため、女性にとって、母親からの分離の作業を行う上で、同性友人との関係が鍵になるとも考えられる。

3 「母の系列」と女性的自己

　ユング派の女性分析家である Lowinsky（1990/1996）は、家族の生物学的歴史を支えている女性の繋がりを「母の系列」と名付け、祖母・母・娘・孫娘から成る。Lowinsky によると、祖母は女性の先祖へのつなぎ役というだけではなく、女性の家族メンバーにとって、女性としての未来をも象徴しているという。より暗い面から見ると、祖母は家族の中で傷つけられた女性性の根源であり、苦しみの歴史を後の世代へと伝えていくことになり、この傷が癒しの根源へと変容しなければ、自己評価を低くし、自己破壊にまでなり得るという。そして、自分の癒しのために必要なのは女性的自己そのものである時に、いかにして母の系列の中から女性的自己を分化させることが出来るのか、という問題を提起している。

　思春期の女性が母親からの分離と「個」としての自己を形成する発達課題に向き合う時、逆説的ではあるが、女性のルーツとの繋がりを再確認する必要があると考えられる。その際、母と娘を超えた第三の存在として祖

母が女性的自己を作る鍵となるのではないか。

4　本稿の目的

　『思い出のマーニー』は、実母とは死に別れ、施設で暮らしていた後に、養母に育てられていた少女アンナが、養母と離れて海辺の田舎町で過ごす、ひと夏の経験を描いた作品である。アンナはそこで懐かしい感じのする古い屋敷やマーニーという少女と出会う。この出会いを通して、堅く閉ざしていたアンナの心が変化していく過程が描かれている。

　河合（1985）は、『思い出のマーニー』を、主人公のアンナが「たましいの国」の住人であるマーニーと出会い、生きる力を取り戻す物語であると考察している。河合は人間の心と体とを結び合わせ、人間を一個のトータルな存在たらしめている第三の領域の存在をたましいとよび、アンナはそのたましいを病んでいたという。自然に包まれ、たましいの世界の住人であるマーニーとの出会いを通して、アンナが経験した激しい怒り、うらみと、それに続く許しの感情が、アンナが癒されるために必要なものであったと河合は述べる。また、たましいの次元のことが起こる場合には、アンナとマーニーに生じたような「深いめぐりあわせ」が起こることについても触れられている。

　本稿では作品に描かれているアンナの心の変容をたどりながら、思春期女性の心の成長、変容過程という観点から考察する。特に、発達課題である女性の母親からの分離に際して、母なるものとの繋がり直し、その契機となる想像の仲間との出会いや親友関係の展開という切り口から読み解く試みを行う。

5 『思い出のマーニー』の分析

　以下では、物語の流れに沿って、主人公アンナの心の動きについて分析を試みる。なお、「　」で示している箇所は、Robinson（1967）による原作の引用である。

(1)　アンナの状態とリトルオーバートンへの旅立ち──非日常の世界へ

　アンナは、養母のもとを離れて、静養のため海辺の田舎町リトルオーバートンへ旅立つ。アンナが無表情で、何事もやってみようとしないことや、友だちがいないことを養母に心配されていた。アンナにとって、親友だの、お茶によばれるだのということは、"内側の人"──なにか目に見えない魔法の輪の内側にいる人たちにはとても大切なことだが、アンナ自身は、その輪の"外側"にいたので関係のないことと思っていて、自分を「良い子」と感じることが出来ないでいた。ここには、現実との疎隔感が描かれており、思春期の到来と、自分のルーツとつながっていない"根無し草"のような感覚もあって、アンナの自身が世界と切り離されて感じられている状態が描かれている。

　養母ミセスプレストンは、アンナを心配して先回りする関わりが目立つ。アンナが心を開いてくれないことを憂いて、不安からアンナの行動を細かく指示するが、アンナは彼女の関わりを疎ましく思っている。一方、リトルオーバートンでアンナを受け入れてくれたペグさん夫婦は、好きに過ごさせてくれ、アンナはそのおおらかさに救われる。ペグさん夫婦の家は「あたたかくて、あまくて、古めかしい、なつかしいにおい」（Robinson, 1967, p.17）の家で、アンナの心の変化を支える、重要な拠点となる。

　リトルオーバートンは、海が近く自然豊かな場所であった。日中に一人、流木や貝殻を拾ってすごすアンナにとって、浜辺は重要な居場所であり、「かわいそうに」ときこえるいそしぎのさみしそうな声など、アンナと自

然との触れ合いが、随所で描かれている。母親との関係に傷つきやわだかまりをもつ少女にとって、豊かな自然とのふれあいは、大いなる母に包まれる体験として、母なるものとの出会い直しを行う重要な要素になっている。

---

(2) アンナとマーニーの出会いと関係の深まり――想像の仲間・親友関係の展開

アンナはしめっちを散策して船着き場の方を歩いている時、「懐かしい感じ」のする古い屋敷（しめっち屋敷）を見つける。「これこそ、自分がずっと探していたものだ、ということがわかりました」(Robinson, 1967, p.29)。　屋敷との出会いは、アンナの心の中の何かと繋がり始める契機のようである。ある日、屋敷の窓から少女の顔を見かけるが、やがてペグおばさんが夜に外出し不在時に屋敷の方に向かい、ボートを漕いで迎えに来たマーニーと出会う。マーニーの存在は、「はじめは半分だけしかほんとうの人間とは思えなかったマーニーが、今ではペグさんたちよりもずっと本当の人らしくなっていて、（中略）ふしぎでした」(同上, p.106)と表現され、二人の交流はリアリティを伴い描かれている。“本人にとって生き生きとまるで本当にいるかのように感じられる”という特徴とともに、マーニーはアンナが一人の時に不定期に出会っていることから、想像の仲間であると推測される。

アンナとマーニーは、ついに話す機会を得て、周りに見つからないよう、「二人だけのひみつ」と言って交流が始まる。二人は互いのことを、質問をしながら知り合っていくが、自分が知っているものとは全く別の世界があることへの好奇心や、同年齢の他者と繋がりたい思いがその背後に伺える。二人は、なぜ自分がこの村に来ているのかを開示し合う。自分のことをかけがえのない誰かに話す体験は、それまで自分が生きていた世界が相対化され、自分のことを客観的に見る契機となる。相手の境遇を知り、疑問を持ったり怒ったり、まるでわがことのように相手の人生を受け止める二人の姿が描かれている。二人は互いを知り合うと同時に、互いの違いに

気づき、相手のことが自分より良く思えるようになる。自意識が芽生える
と同時に劣等感も高まる思春期の人々にとっては、周りの人は皆自分より
優れているように見えるものである。「あなたは、恵まれた人。あたし、
あなただったらよかった」（同上, p.159）というアンナは、お金持ちで優
しいマーニーと自分の境遇の違いを思い、羨む。ここには、親友を理想化
し、同一化する思春期の心性がみてとれる。

　毎日のように会う中、アンナはマーニーに家族のことを聞かれ、自らの
境遇（父はいなくなり、祖母と暮らしていたが、母は再婚後に事故で死ん
だこと、祖母も亡くなり施設で育ち、今は養母に育てられていること）を
語り、自分を置いて死んだ母や祖母への怒りを表現する。マーニーは、ア
ンナの母が死んだのは母自身にはどうにもできなかったこと、わざと死ん
だわけではないと言うが、アンナの怒りは収まらない。

　　　「おばあちゃんも、あたしをおいてったわ。」「あたしをつれずにどこ
　　　かへ行ったわ。そして、帰ってくるって約束したくせに、帰ってこな
　　　かった」アンナはすすり泣きました。怒りを込めて、続けました。
　　　「あたしを、ひとりぼっちにして行ったから、おばあちゃんなんかき
　　　らい。あたしの世話をしてくれるために生きてくれなかったから、き
　　　らい。あたしを、おいてきぼりにするなんて、ひどい。ぜったい、ぜ
　　　ったいゆるせない。」（同上, p.163）

アンナの言葉に続けて、マーニーはアンナに言葉をかける。

　　　「あたし、ある意味では、あなたがうらやましいわ。あなたはもらい
　　　っ子で、幸せだと思う。」（同上, p.163）

　マーニーは、自分がもしみなし子で、父と母が養女にしてくれたとした
ら、両親がとても親切であることの証になるという見方を伝え、アンナは
驚く。一連の話を聞いたマーニーは、アンナに次のような言葉をかける。

「アンナ、あたしのアンナ。あたしは、あなたを愛しているわ。あたしは、今までに会ったどの女の子よりも、あなたが好き。」（中略）アンナはにっこりしました。ほんとうに、気分がよくなっていました。まるで、心にのっかかっていた重い物が、取り去られたようでした。（同上, p.167）

　アンナは母や祖母が自分を置いていなくなったことを恨めしく思っているが、マーニーは祖母や実母の死がどうしようもなかったこと、血縁関係になくとも、自発的に養育者を引き受けてくれる養母を肯定的に捉える視点を提示する。アンナがマーニーとの間で怒り表現したことで、これまで否定的に捉えていた母親との関係や養母との関係に対して、養母の肯定的な側面に光が当たることになった。ここでは、アンナにとって、自分を見捨てた否定的な母から分離し、良い母親の存在へと目を向ける流れが出ている。

　二人のやりとりの最後で、アンナがマーニーから「あなたが好き」と全面的に受容される経験は、アンナにとってマーニーに愛される体験となり、癒される体験につながったのではないか。養育してくれる親がいること自体が幸せであるという見方もあることに気づかされる契機となるマーニーとの対話は、自分のことを他者の目で見る体験でもあり chumship の関係で展開されるものと同質であると考えられる。

　一方、アンナはマーニーから、マーニー自身の生い立ちの中にある影の部分を聞く。「世界でいちばん恵まれた」女の子と思っていたマーニーも、両親が不在時に世話をしていたばあやから辛い思いをさせられていたことを知る。ばあやにマーニーが怖がっている風車小屋に連れて行くと脅された話を聞き、二人は次のようなやりとりをする。

「あたし、エティー（女中）をにくむわ。そんな人、雷に打たれて死んでしまえばよかったんだわ！」どなるように言うアンナに対してマーニーは、つぶやくように「あなたは、めぐまれているわ。あたし、あなただとよかった」という。アンナは、「ああ、かわいそうなマー

ニー！　あたし、ほんとに、あなたがすきよ。今までに知ってる、ど
の女の子よりも、あなたが好きよ。」互いに「あなただとよかった」
といいあう二人は、「なんておかしいんでしょう。まるで、あたした
ち、いれかわっているみたい。」（同上, p.196）

マーニーの人生に対し、アンナはまるで自分のことのようにばあやへの
怒りを向ける。ここで、二人がわがことのように互いの人生に没入、関与
しており、互いが一体化するような心の動きが見て取れるのではないか。
織田（1993）による、同性間での「心的結合としてのコンユンクチオ」に
よる心の傷つきの癒しが体現されているとみることもでき、二人で互いの
受けてきた痛みを共有し、怒りを表現しながら互いの傷ついた心を癒して
いるのではないだろうか。またこの関係性こそ、chumship で経験される、
生い立ちの中での傷つきをわがことのように共有し、癒し合う心理治療的
関係と考えられる。

(3)　風車小屋への挑戦——否定的な母との対決

アンナは、風車小屋が、マーニーがばあやに言う通りにしないと連れて
いくと脅された場所であり、恐怖の対象であることを知る。マーニーは、
いとこのエドワードから、怖いものと向き合わないといけないと言われて
いて、彼の言葉を重く受け止めていた。

アンナはある日、自分が風車小屋に行き、怖くなかったことを話せば、
自分がマーニーの役に立てるのではないかと思い、一人で風車小屋に向か
う。行ってみると、マーニーが先に風車小屋に上っていたが、降りられず
恐怖のあまり震えていた。アンナは降りようとするがうまくいかず、寒さ
と恐怖でマーニーは眠ってしまい、アンナも眠りに落ちる。やがてマーニ
ーは迎えに来たエドワードに連れられて行き、目覚めた時に取り残されて
いたアンナは、マーニーに置いていかれたと傷つき、マーニーはもう友達
ではないと思うようになる。アンナは体調を崩して寝込むが、マーニーが
なぜ自分を置いていったのか、わだかまりを抱えていた。３日後、アンナ

は十分回復していない中、マーニーに会いに行き、屋敷の中に閉じ込められていたマーニーと窓越しに話をする。

> 「ごめんなさい！　あんなふうに、あなたをおいてきぼりにするつもりはなかったの。あのことで、あたし、ずっと、ここにすわって泣いてたの。ねえ、アンナ、おねがい！　ゆるしてくれるって、いって！」（中略）アンナがマーニーに対していだきつづけていた激しく苦いうらみは、あっというまに、すべて、とけ去ってしまいました。マーニーはアンナの、やっぱり、親友でした。マーニーは、やっぱり、アンナをだいじに思っていました。うれしさにあふれて、アンナは叫び返しました。「もちろんよ！　もちろん、ゆるしてあげる！　あなたがすきよ、マーニー。けっして、あなたを忘れないわ。永久に、忘れないわ！」（Robinson, 1967, pp.219-220）

　気づくと潮が満ちてきてマーニーの姿は見えなくなり、アンナは水の中を土手に向かって進もうとするが、思うように進めず、マーニーとの別れを悲しみながら、全身ずぶぬれになって溺れてしまう。そして、入江でアンナが倒れるところをみかけたワンタメニーという村の老人に助けられ、ペグおばさんの家に送り届けられ、命を取り留める。

　二人の風車小屋への挑戦は、マーニーの傷つき体験とその克服への挑戦であったと考えられる。風車小屋は、マーニーに辛い思いをさせたばあやが脅しに使った場所で、マーニーにとっては恐怖の対象であり、否定的な母の象徴として受け止められる。ここで描かれている「否定的な母」は、ばあやに象徴される母なるものであり、ばあやに託して自分は子どもに関わらないマーニーの実母の要素でもある。苦手な風車小屋を通して、アンナは自分自身も自分を置いていなくなった、自分を見捨てた否定的な母との対決を行おうとしていたのではないかと考えられる。二人は風車小屋に表される否定的な母に挑み、命がけで戻ってきた。この命がけの挑戦が、その恐怖や相手にしたものの大きさを物語っている。また、はからずもマーニーがアンナを風車小屋に置いていったということが、アンナにとって

は自分を置いて死んでしまった母や祖母との間での出来事に繋がり、傷つきが再燃する体験となった。しかし、マーニーに再会し、謝罪されることで許しの気持ちを体験したことにより、母親や祖母への傷ついた気持ちを許す契機となったのではないか。

　自分を置いていったマーニーと話そうと、体調の回復しない中しめっち屋敷へ向かったアンナは、マーニーとの最後の対面の場面を迎える。マーニーを許した後、アンナは満ち潮に遭いおぼれてかけてしまうが、船着き場のワンタメニーに助けられて命を取り留め、ペグさん夫妻やミセスプレストンの看病を受け快復する。

　織田（1993）は、「子どもが、特に娘が母親から分化するとき、母は良い母と破壊的な母とに分裂する過程がむしろ必要であって、自立のためにはこれら二人の母との分化を達成しなければならない」と言う。この風車小屋への挑戦という作業を通して、二人は否定的な母、織田のいう「破壊的な母」との対決を行ったのではないかと考えられる。

(4)　マーニーとの別れと現実生活の変化──肯定的な母と出会う

　アンナにとって、風車小屋の一件と病気以来、その前に起こったこととの間には、「シャッターがおりてしまったような感じ」で、「なにもかもが、ずっと昔のことのように」思われるようになる。今まで自分が見ていた屋敷は「裏側」となり、徐々にマーニーのことを忘れ、現実にしめっち屋敷に住むことになったリンゼー一家との交流が始まり屋敷の表側の世界が展開する。想像の仲間は、持ち主の現実生活が充実して必要でなくなると忘れ去られるというが、マーニーとの別れもそのようなタイミングで生じている。

　ある日、アンナに養母から会って話したいことがあると手紙が届き、会うことになる。養母は、養育費の小切手は援助として送られているもので、小切手を受け取っていなかったとしてもなんの違いもなかったこと、もっと前に話しておかなくてはいけなかったと思うこと、母や祖母のことも話そうとしたが、アンナは興味がない様子だったことにふれる。

──わかってるわ──とアンナは思いました。──あたしは、あの二人を憎んでいたもの──。アンナは、なぜそんなに二人を憎んでいたのだろうと、不思議に思いました。けっきょくのところ、二人が死んだのは二人のせいではありませんでした。その時、アンナは、ずっと自分の胸にわだかまっていた憎しみが、消えてしまっていたことに気づきました。いつか──そのことを考えもしないでいたいつのまにか──、二人をすっかりゆるしていた、という感じでした。（Robinson, 1967, p.326）

　アンナの母や祖母への憎しみの消滅には、アンナがしめっち屋敷の裏側の世界で、マーニーに自分の家族について話した体験が影響していると推測される。マーニーの言葉を受け、アンナは、母や祖母の死はどうしようもないことだったと思いを馳せるようになり、傷ついた心をマーニーに受け止めてもらった体験を経て、母や祖母に向けていた憎しみがいつの間にか消えていたのではないだろうか。そしてアンナとミセスプレストンは、互いに素直な気持ちを伝え合う。アンナが養母の愛情を疑っていた気持ちも、養母との対話により、次第に溶けていった。やがてミセスプレストンも自分の「心配」を前面にした関わり方から、アンナへの愛情を直接伝える関わり方へ変化する。自分のことを本当に大事に思ってくれていると気づいたアンナはミセスプレストンの中に「良い母」を見出した。

(5)　マーニーとアンナのつながり──祖母と孫

　小説の後半では、アンナとリンゼー家の交流が始まり、娘プリシラが見つけたノートから、マーニーが過去に実在した人物であることがわかり、アンナがマーニーと経験したことと、日記に書かれている内容との一致が判明するなか、マーニーとはいったい誰なのかが、屋敷を舞台に明らかになっていく。

　アンナはミセスリンゼーと老女ギリーから、マーニーにまつわる話を聞く機会を得る。マーニーの母親はきれいな人だったが良い母親というわけ

ではなく、マーニーは夏になるとばあやとしめっち屋敷に来ていた。マー
ニーの両親の不在時にはばあやに「ほったらかしに」されひどい仕打ちを
されていた。やがてばあやたちがマーニーを世話していなかったことが明
るみにでて、ばあやは辞めさせられマーニーは寄宿学校へ行った。その後
マーニーは遠縁のいとこエドワードと結婚し、娘エズミーが生まれた。戦
争が始まり、マーニーは娘をアメリカに送り、二人は離れて暮らす。マー
ニーは、自身がさみしい子ども時代を経験したので、子どもの愛し方が分
からなかった。エズミーは若くして結婚し娘をもうけたが子育てができず、
結婚に失敗し、再婚後は新婚旅行中に自動車事故で亡くなる。マーニーが
孫マリアンナを引き取って世話をしていたが、病気になって亡くなり、祖
母の世話を受けられなくなったマリアンナは、3歳時に施設へ送られ、数
年後プレストン夫婦に引き取られた。夫婦はリトルオーバートンに住んで
いたことがあり、引き取った子の祖母も同じ町に住んでいた。一連の話か
ら、マーニーが、昔この屋敷に住んでいた、アンナの祖母であったと判明
する。アンナが初めてしめっち屋敷を見た時に「懐かしい」感じがしたの
は、マーニーがアンナを赤ん坊の時に育てた場所だったからであった。

　物語の最後で、アンナは、世界の内側にいるという感覚を取り戻す。こ
の感覚の変化は、リトルオーバートンでの滞在を経て、祖母や母の人生と
自分のつながりを取り戻す体験をしたことの影響が大きいであろう。物語
は、養母の住むロンドンに戻る前にワンタメニーに挨拶に行く場面で終わ
るが、内的には大きな感覚の変化が生じていることが示されている。

　　アンナは"内側"にいるとか、"外側"にいるとかって、ほんとにふし
　　ぎだなと思いながら、堤防の上をかけだしました。それは、ほかの人
　　がいっしょにいるとかいないとか、一人っ子だとか大家族の一員だと
　　かいうようなこととは関係のないことでした。それは、自分自身の中
　　でどう感じているかによることなのでした。(Robinson, 1967, p.174)

6 考察——物語を通してなされたアンナの心の作業とは

　冒頭で述べたように、思春期の女性にとって、母親からの分離と自分作りが心理的な発達課題になる。女性は同性の親である母親に愛着をもちながらも、母親とは違う自分作りを行うことが求められる。『思い出のマーニー』におけるアンナの場合、原初の愛着対象である母親とは幼くして死に別れ、母の不在があるなかで育った。そして、自分は母親に見捨てられたと母親を憎み、養母の自分への愛情を疑っていた。母親というもの、「母なるもの」を信頼できず、良い母を経験できないで生きてきたともいえる。ところが、自然豊かなリトルオーバートンで、マーニーという少女と出会い、関係を作るなかで、アンナは、自分自身の人生のなかで、母や祖母、そして養母の存在を新たに位置づけなおす作業を行った。マーニーは、孤独なアンナの心が作り出した「想像の仲間」としてみることもできるが、そこで展開されているのは「親友関係（chumship）」でもあり、想像の仲間との間で親友関係を体験していたと理解することができる。アンナは恨めしく思っている自身の境遇をマーニーに語り、受け止めてもらう一方で、彼女との対話により人生への別の見方を得る。また、マーニーの不遇の境遇にも心痛めながら共感的に関わる。ここでの親密性をもった親友関係によって、二人は自分の親から十分に愛されなかったという心の痛みを分かち合い、癒し合う。母なる自然の中で、アンナにとって、傷ついた心の修復の体験はマーニーとの水入らずの親友関係の中で生じたと理解することが出来、またマーニーという親友との間で、良き母なるものを経験しながらその作業を進めたと考えられる。

　また、マーニーがばあやから脅されていた場所である風車小屋への二人の挑戦では、否定的な母との対決となったと考えられる。命がけで挑んだ風車小屋で、はからずもアンナはマーニーに置き去りにされ、裏切られた体験となり、怒りを向けることとなるが、後にマーニーを許す契機にもなる。アンナにとって、ここでマーニーへぶつけた怒りが実は自分の母、祖

母あるいはそれらを含んだ「母なるもの」への怒りと重なり、否定的な母への怒りを向けたことで、母親からの分離の一歩となったと考えられる。アンナの養母との信頼関係の取り戻しも、マーニーに怒りを向け、許す体験とパラレルに起こっていて、否定的な母への怒りを向け、許したのちに、肯定的な母に出会っている。

　物語の後半では、アンナは自分の生い立ちや祖母から母に繋がる人生の物語を、しめっち屋敷の歴史とともに、そこに生きてきた複数の年長女性によって聞かされる。アンナにとって、母や祖母は自分を見捨てた否定的な存在として捉えられていたが、祖母や母なりに生きてきた人生や祖母自身の傷つきにも思い至ることとなり、代々の女性間に受け継がれていた「子を愛する術を知らない」ことによる娘の傷つきだけではなく、母の傷つきをも受け止める体験となったのではないか。アンナにとって、祖母や母との繋がり直しの体験は、母なるものが否定的なものとしてだけではなく、傷つきをもった女性の心として受け止められた時、良い母や肯定的な母との出会いをもたらす契機となったと考えられる。

　改めて『思い出のマーニー』を見ると、思春期の女性にとって、母方のルーツとのつながり直しは、自分を作る上で大きなテーマであることがわかる。小説の後半でマーニーが少女時代の祖母であることが明らかになる。マーニーとの出会いを通して、一世代上の祖母の少女時代と出会い、母親の母親とつながる体験をしたことは、アンナにとって、自身の女性としてのアイデンティティの足場を固めることとなった。母娘間の二者の葛藤を和らげる第三の女性として、祖母の世代と繋がることに意義があったと考えられる。Lowinsky（1990/1996）は、「母の系列」との接触を欠いている女性は魂の喪失者であり、「祖母は次の二世代に対して、時代を超越した立場にあって、母と娘を分離させ、母と娘だけでは得られない、より客観的なスタンスを提供することで、母と娘を結びつけることができる」というが、この物語では、アンナは祖母であるマーニーと出会うことで、母とも出会い直し、恨んでいた母を許す気持ちを経験することになった。また、祖母の少女時代の傷つきに孫であるアンナが心を寄せたことで、アンナの「母の系列」に存在する、「母として子どもを愛することができない」とい

う負の連鎖から代々の女性に起こっていた、娘と母の心の傷を癒す作業を行ったのではないかと考えられる。

　この物語の中で、癒し手として登場するマーニーは、アンナにとって、思春期の親友として心理治療的役割を担ったと考えられる一方で、少女時代の祖母として心理治療的役割を担ったとも考えられる。マーニーがアンナの祖母であったという構造が物語の大きな特徴であるが、親友としてのマーニーは、文字通り母との連続性を持つものとして描かれ、母との分離において重要な役割を担うことが示されている。同時に、孫であるアンナがマーニーという祖母の娘時代と出会うことが心理治療的であるという示唆を得ることもでき、異なる時代に生きた祖母と孫が、同年齢の女性として出会い、共感し理解し合うことが世代間の齟齬や傷つきを修復することが可能になるという構造が見て取れる。祖母の少女時代と対等な友人として出会うことで、「母の系列」に出会い、世代を超えた女性同士の繋がりに開かれることで、「母なるもの」とふれあいが可能になったのではないか。そして世代を超えた女性性を受け継ぎ、その中に生きている自分を位置付けることで、連綿と続く歴史の中に自身の足場を見出し、生きる力を得ることが出来る、ということをこの物語は語っているのではないか。

　昨今、思春期になっても母娘が密着し、親密で友達のような関係を持つ「友だち親子」という現象が指摘されて久しいが、現実の母親と対等で親密な関係を築くことは、構造的に無理が生じて母娘のカプセルに停滞する形となる。現代を生きる思春期の母娘は、同じ時代を同じ目線で共有しようとするのではなく、『思い出のマーニー』に描かれるような、異なる時代に生き、様々な思いを抱えていた一人の思春期の女性であった者として向かい合うことが求められているのではないかと思われる。

文　献

Blos, P. (1962). *On Adolescence.* New York: Free Press. （野沢英司（訳）(1971). 青年期の精神医学　誠信書房）

犬塚峰子・佐藤至子・和田香誉 (1990). 想像上の仲間——文献の展望　精神科治療学, 5, 1435-1444.

Jung, C. G. 林道義（訳）（1999）．元型論〈増補改訂版〉　紀伊國屋書店

河合隼雄（1985）．子どもの本を読む　光村図書出版

Lowinsky, N. R.（1990）. Mother of Mothers: The Power of the Grandmother in the Female Psyche. In C. Zweig（Ed.）, *To Be a Woman: The Birth of the Conscious Feminine.* Los Angeles: Jeremy P. Tarcher, pp. 86-97.（N. R. ローウィンスキー（著）リース滝幸子（訳）（1996）．母たちの母――女性の心（psyche）の中での祖母の力　C. ツヴァイク（編）川戸圓・リース滝幸子（訳）女性の誕生――女性であること：意識的な女性性の誕生　山王出版　pp. 125-141.）

森定美也子（1999）．乳幼児から青年期までの移行対象と慰める存在　心理臨床学研究, 16（6）, 582-591.

Neumann, E.（1953）. *Zur Psychologie des Weiblichen.* Zürich: Rascher & Cie.（松代洋一・鎌田照男（訳）（1980）．女性の深層　紀伊國屋書店）

織田尚生（1993）．昔話と夢分析――自分を生きる女性たち　創元社

Robinson, J.（1967）. *When Marnie Was There.* London: William Collins Sons & Co.（松野正子（訳）（2014）．思い出のマーニー　岩波書店）

Sullivan, H. S.（1953）. *The Interpersonal Theory of Psychiatry.* New York: Norton.（中井久夫・宮崎峰吉・高木敬三・鑪幹八郎（訳）（1990）．精神医学は対人関係論である　みすず書房）

Svendsen, M.（1934）. Children's imaginary companions. *Archives of Neurology and Psychiatry,* 32, 985-999.

（2021年12月24日受稿　2022年3月27日受理）

● 要約

　本稿では、児童文学作品『思い出のマーニー』を題材に、思春期女性の心の成長・変容について検討した。特にこの時期の発達課題である、母親からの分離と自己形成に着目し、個人的な母親を超えた「母なるもの」との繋がり直しと、その契機となる想像の仲間や親友関係を切り口に考察した。物語では幼くして実母と死別し無気力な思春期のアンナが、自然豊かな海辺の町で、少女マーニーとの出会いを通して、母や祖母、養母との関係を位置づけ直す心の作業を行う。アンナは風車小屋でのマーニーに置き去りにされる経験を通して「否定的な母」への怒りを表現し、彼女を許す体験を経て母親からの分離を進め、肯定的な母（養母）と出会い直す。アンナにとってマーニーは、想像の仲間でありまた思春期の親友と同時に少女時代の祖母として、生い立ちの中での傷つきを癒し合う心理治療的な役割を担ったと考えられ、「母の系列」（Lowinsky, 1990）に存在していた母娘の心の傷を癒す作業を行ったことで、生きる力を取り戻したと考察された。

　　　キーワード：想像の仲間、親友関係、母の系列

The Change and Growth of the Adolescent Female Psyche, Based on an Analysis of "When Marnie was There": The Association Between Imaginary Friend, Chumship, Which Support the Psyche in the Time of Transition, and the Mother Thing

SUDO, Haruka

Kobe College

In this paper, the changing process and growth of adolescent female psyche were discussed through the juvenile literature "When Marnie Was There." The processes were discussed from the viewpoint of the separation from mother and self-formation — the developmental task of this age — and an imaginary friend and chumship as cues for this process. In this story, Anna, who separated from her mother as an infant, became spiritless in adolescence. She met a girl, Marnie, in a country town and took another look at her mother, grandmother, and adoptive mother from a psychological aspect. Anna expressed anger toward her "negative mother" through her experience of being abandoned at the windmill by Marnie. After forgiving Marnie, she progressed to the process of separation from her mother and met the positive mother again. Marnie is recognized as Anna's imaginary companion, chumship, and grandmother as a young girl. She played a psychotherapeutic function, which healed the wound formed during her upbringing. Anna regained her power to live because she repaired the psychological wound of mother-and-daughter-relationship in "Motherline" (Lowinsky, 1990).

Key Words: imaginary companion, chumship, "Motherline"

印象記

国際分析心理学会（IAAP）第22回大会印象記
激動の時代における分析心理学

前　田　　正

ユング派分析家／常葉大学大学院

　国 際 分 析 心 理 学 会（IAAP: International Association for Analytical Psychology）の３年に１度の第22回大会が2022年８月28日から９月２日まで南米のアルゼンチンの首都ブエノスアイレスで開催された。河合俊雄 IAAP 会長、田中康裕 IAAP 事務局長、Pilar Amezaga 大会長の元でアルゼンチン・ウルグアイのユング研究所が担当した。今回の大会のテーマは「変化する世界に開かれた分析心理学——臨床的、科学的、文化的、環境的 な 重 要 問 題 へ の 現 代 的 視 点（Analytical Psychology Opening to the Changing World: Contemporary Perspectives on Clinical, Scientific, Cultural and Environmental Issues)」であり、COVID-19パンデミックの影響で歴史上初めて対面のオンサイトと Zoom のオンラインを併用したハイブリッドで行われた。オンラインで出席する場合は、時間と季節が全く反対で日本から一番遠い距離のある場所まで一気に到着することができる。一方、対面で出席する場合は、地球の裏側の聖地まで現代の三蔵法師のように旅をして、土地の精霊（ゲニウス・ロキ）を生で味わうことができる。聖地には直行便の飛行機はなく、最低１回、多いと２回以上乗り継ぎをして現地まで行くことになる。筆者が初めて IAAP で学会発表した南アフリカ・ケープタウンの大会に行った時は、クアラルンプールとヨハネスブルグで乗り継ぎしたが、その飛行機はケープタウンで乗り継ぎしてさらにブエノスアイレスまで行く便であったことを思い出す。アルゼンチンの心理療法は盛んで、多くの心理士がおり、小学校からスクールカウンセラーが配備され、保険で賄われるため親世代も抵抗なく心理療法を受けているという。フロイト

派のアルゼンチンの精神分析協会は世界でも有数の分析家をかかえる団体である。アルゼンチンは2022年サッカー・ワールドカップで優勝し、FIFA（国際サッカー連盟）のランキングは2022年12月の時点で世界第2位である。ブエノスアイレス・エセイサ国際空港の出国ゲートの前にはマラドーナの銅像が堂々と立っている。アルゼンチンのインフレは凄まじく、この2年で通貨ペソの価値は2分の1に下がり、財産が2年で半分になってしまう状況である。このような不安定な経済状況にもかかわらず暴動が起こらないのはラテン系民族のおおらかさなのだろうか。現地ガイドの話では、国民は家庭を大切にして、仕事が終わると配偶者・子のある人はすぐ家に帰り、休日にはホームパーティーも盛んであるという。

AJAJ（日本ユング派分析家協会）の分析家等により行われた発表は以下の通りである。

- Tsuyoshi Inomata "Sustainable psychological engagement with a changing world: From a comparative study of Hélène Smith or a case of personality disorder and Friederike Hauffe or a case of schizophrenia"
- Michiko Masukura "Stay on my own in the situation of staying home"
- Hideki Ota & Tadashi Maeda "How to connect with an inner snake and establish masculinity in Jungian dream analysis"
- Tadashi Maeda "A new therapy for traumatic experience: The integration of Sandplay therapy and EMDR from the perspective of analytical psychology"
- John Beebe, Manasa Kolligere, Siddge Gowda, Masamichi Adachi & Wen-Yu Cheng "Cross-fertilization of active imagination and eastern traditions: The practice of active imagination through the lens of Buddhism and Hinduism"
- Mari Yoshikawa "The role of nature in analytical psychology"
- Masamichi Adachi "Differentiation of spirit archetype in Japanese culture: Especially in the stream of Japanese myth and shinto"

分析心理学というと深層心理を扱う内面に籠った心理学であると思われる節もあるかもしれないがそうではない。ユングは個人を超えて全ての

人々さらには動植物・環境世界と繋がっている集合的無意識を重要視しており、このレベルは世界全体に関わるからである。分析心理学は現代社会で起こっているリアルタイムの現象に真剣に取り組んできた。今回の学会でもウクライナの問題やCOVID-19のパンデミックによる様々な問題が扱われた。代議員総会で特記すべきことは、まさにこのロシアによるウクライナ侵攻の時に、独自にユング派分析家を養成できるウクライナ・ユング研究所の創設が正式に認められる決定がなされたことである。ウクライナでのユング派分析家養成体制に関わって来た隣国のロシア人の分析家との関係で、ウクライナ内にある協会と Developing Group との対立があり、ロシアとの葛藤と反対意見を涙を流しながら述べる人もおり、賛成・反対の双方に関して十分な時間をかけて意見交換が行われたことが印象的であった。河合会長は両者の主張を誠実にオープンに聞き、4時間半にわたる総会は終了した。新しい IAAP 会長には前回のウイーンの大会においてデンマークの Misser Berg がすでに選ばれており、その次の会長には今回ウルグアイの Pilar Amezaga が選ばれた。

　大会の午前中は毎日全体大会が大ホールで開かれ、COVID-19により一般化したオンライン精神分析（治療分析、教育分析、スーパーヴィジョン）をテーマとした2つの発表が印象的であった。

　フランス・ユング研究所の François Martin-Vallas は、「Some questions raised by the practice of tele-analysis（オンライン分析の実践から浮かび上がったいくつかの課題）」について発表した。精神分析界では、オンライン分析を無条件に肯定する立場から虚偽の分析であるとする立場まで様々な議論が交わされてきた。オンライン分析については、従来の対面分析との比較で何が欠けているかばかりに注目するのではなく、新たにもたらされるものを認識する必要がある。IAAP では COVID-19パンデミックよりはるか以前から、ユング研究所が自国になく交通の不便な遠隔の国の候補生がユング派分析家になるための訓練にオンライン分析を併用してきていた。実際、彼は、2005年からウクライナとグルジアで候補生のトレーニングに携わってきた。当地の Developing Group との打ち合わせは年に数回の訪問で可能だったが、実際の訓練はもっと定期的に行う必要があり、オンラ

イン環境を構築する必要に迫られた。彼は2つの国の5人の候補生のグループ・スーパーヴィジョンをオンラインで行い、グループ内で真の分析プロセスが生まれるスピードに非常に驚かされた。このことがきっかけで、彼は個人的な分析にもオンラインを併用するようになった。分析的アプローチの主な目的は、新しい形の創造的な出現を可能にすることである。それは、自分とは異なる他者との出会い、分析家と被分析者との関係の非対称性によってもたらされる。この非対称性は、分析過程に最小限のカオスと予測不可能性をもたらすものであり、分析過程の創造性と切り離せないものである。オンライン分析の場は、文化的かつ技術的に新しい設定であり、分析家がこの設定に信頼を置けることが、被分析者に与える安心・安全感の重要な部分を占めている。

オーストラリア・ユング研究所の John Merchant は、「Working online during the contemporary COVID-19 pandemic（現代の COVID-19パンデミック下でなされるオンライン分析）」について発表した。IAAP が2020年の COVID-19パンデミックに関する分析家向けアンケートを作成する際に、彼は24人の分析家から詳しく話を聞いた。ここではオンライン分析を電話セッションとビデオセッション（Zoom や Skype 等）と定義する。アメリカの分析家は、ロックダウンが解除された後、対面式セッションに戻った被分析者は全体の5分の1にすぎないと言う。イギリスの分析家は、現在多くの被分析者がオンライン分析を続け、時間的・距離的問題を解決していると言う。分析家たちの経験では、オンライン分析は有効であった。従来から行われている遠隔地の国の候補生に対するオンライン併用訓練の経験も踏まえて、IAAP は十分な分析プロセスがオンライン分析で起こりうるという結論に達した。サイバースペースは、ウイニコットの移行空間・移行対象として機能して被分析者を安心させることができる。ほぼ例外なく、オンライン分析で、より親密かつより多くのことが被分析者から話される。幼少期の思い出がより多く言及され、その強度が増し、対面では不可能だった性的虐待の詳細を鮮明に明かす者もいた。また、オンライン分析は、否定的な転移や暴力的な感情表現をも可能にする。有用な元型のエネルギーが布置され、ある種のエロティックで攻撃的な空想は、スク

リーンからスクリーンへの表現が容易となる。オンラインでインテーク面接から始めると、初期評価・見立ての問題が出てくる。精神病、パーソナリティー障害、発達障害、重度のうつ病、重度のトラウマまたは人生早期からの育児放棄の背景を持つ者、強い希死念慮を持つ被分析者は、オンライン分析には禁忌である。被分析者が実行可能な設定を作り維持することができるか、治療過程に内在する不安に耐えられる自我の強さがあるかを評価する必要がある。被分析者が責任を持って、自宅で一貫した静かなプライベート空間を設定できるよう準備することが重要である。安全性と守秘義務の確保、分析家と被分析者の両者にとって決められた時間にプライベートで秘密の守られた空間を使用すること、インフォームドコンセントを得ることが求められる。

　他の全体大会では、ロックダウンでオンサイト参加できない複数の中国の分析家が中心となり、パンデミックの恐怖への対応とシャドーの意識化について中国神話もふまえて発表した「The archetype of calamity: Reflections at a time of contagion（災害元型──伝染病の時代における省察）」も多くの好評を得た。全体大会でアジアの分析家が取り仕切る発表はこれまで少なかったので、今後 IAAP でアジアの分析家がさらに大きく活躍する時代が来たと感じた。

　次回の大会はユングの生誕150周年記念大会で2025年にスイスのチューリッヒで開催されることに代議員総会で決まり、筆者自身今から楽しみにしているところである。

文　献

Merchant, J.（2021）. Working online due to the COVID-19 pandemic: A research and literature review. *Journal of Analytical Psychology*, 66（3）, 484-505.

国際分析心理学会（IAAP）第22回大会印象記

桝 蔵 美 智 子

立命館大学学生サポートルーム／ぽこあぽこ分析オフィス

　2022年８月28日から９月２日まで、南米アルゼンチンの首都、ブエノスアイレスで開催された、国際分析心理学会に参加してきた。この学会は、ユング派分析家と資格候補生、訓練候補生が参加できるもので、３年に１度開催。日本でも京都で2016年に実施されたので、記憶に残っている方も多いかと思う。今回は前田正先生が前述されているとおり、河合俊雄先生、田中康裕先生が大会運営に携わられて（写真１）、日本人分析家の発表もあった。私自身は、８月27日に入国して、28日のワークショップから参加し29日に発表。以下、参加したワークショップ内容などの感想を時間軸にそって報告する。

　Active Imagination in movement – Holding the tension of the opposites in a changing world: Inner & Outer, Tina Stromsted（CGJISF）& David Gerbi（IIJP）, Moderator: Ma. Pia Ciasullo Campomar（SUAPA）

　このワークショップはハイブリッド実施で、どのようなボディーワークになるのかと思ったが、部屋の外で靴を脱いで入室していくと、軽やかな雰囲気で人が集ってきた。上記の Tina 先生がアメリカからオンラインで、対立物についてのイメージを豊かに広

写真１　総会の様子

げるお話をなさった。そこでこころとからだのイメージが自然とつながっ
ていった。そして、ゆっくり身体のワークに入っていったので、オンライ
ン上の教示でも、割と心地よいワークになったと感じた。オンサイト参加
のモデレーターさんが、リラックスした、やわらかな調子で、Tina 先生
と参加者をつないでいくようにしていたことも大きいかもしれない。スイ
ス滞在中に体験したどのボディーワークよりも心地よく、オンラインであ
っても、講師がワークの経験で直観して得てきている本質などが大きく影
響するのだなと思いながらの参加だった。

　午後からは、Master Class of Supervision 4, Susanna Wright（SAP）に参加。
Susanna さんは、イギリスの分析家で、国際ジャーナルの編集もしている
分析家。ここでは、オンラインの分析について、多方面から検討していっ
た。最初に、分析的な空間とは何か、分析に来る人とつくられる空間とは
どんなものかについて、お話があった。そして、対面の分析で大事にされ
ていることと、オンラインの状況を比較しながら、参加者が意見を出し合
い、Susanna さんがコメント。そこには、始まるまでの時間、分析の合間
のちょっと考えるような時間など、細やかな状況に配慮した比較内容がつ
まっていた。参加者からは、簡単にキャンセルする人が増えた、室外でオ
ンライン分析に入る人がいる、深い話ができない、逆にカメラオフで黒い
画面から声だけが聴こえる時に深みを感じるなど、いろいろな意見がでた。
こうした比較を通して、分析で起こり得ること、分析で大事にしたいこと、
オンラインで留意したいことなどを検討することができた。

写真2　朝の夢のワーク

　翌日からは、朝のセッショ
ンも始まり、Social dreaming
matrix, Dominique Lepori
（CGJIZ）& Jens Preil
（DGAP）に3日間、参加（写
真2）。これは、誰かが過去
から現在までの中で、気にな
っている夢を話す、その後、
他の人がそこから連想する夢

を話していく、そして次々と夢を共有していくというもの。途中、それぞれの夢に感想を話すことも自由なのだが、分析したり、評価・判断するようなことは避けていくというルールだった。深みのあるイメージが、万華鏡のように、あるいは虹色のように広がっていって、独特のたのしさがあった。みなさん分析体験があるので、夢に深みがあり、その内容を聴いていくことが興味深かった。また、合間に人がどのように反応するかで、その人の寄って立つ、分析のあり方も推測されて、かつ自分自身が夢でどんなことを大事にしたいかも明瞭になって、おもしろかった。

　全大会では、Liliana Wahba（SBrPA）さんのシンボルについてのお話や、Monica Luci（CGJIZ）さんの、移民支援のお話などが心に響いた。

　日本人の発表では、旅程の関係で、猪股剛先生の発表のみうかがった。'circumambulatio'をキーワードに、群馬県にある「あかつきの村」での、ベトナム難民精神障碍者支援のエピソードを通して、支援する人・支援される人のお話があった。ここから、クライアントと継続的に関わり、精神という現象に「循環」的に繰り返し関与することについてのお話の展開があった。静かで深く優しい内容で勉強になった。

　コロナ渦で、旅も滞在中の外出も緊張感があったが、オンライン面接、ロシアとウクライナの戦争渦中の状況、移民支援など、世界をとりまく状況を勘案しながら学び合う機会は貴重だった。

日本ユング心理学会第10回大会印象記

奥田智香子

渡辺カウンセリングルーム

　2022年6月4日（土）・5日（日）、大阪において、日本ユング心理学会第10回大会が開催された。COVID-19感染予防のため、2020年度は開催中止、2021年度はオンラインのみでの学会開催であったが、今年度はオンライン・オンサイト混合のハイブリッド方式での学会開催となり、例年より多くの方が参加された。筆者にとっては2年ぶりのオンサイトでの学会参加であり、緊張して会場に向かい、知り合いを見つけても忘れられていやしないかと恐る恐る近づいていくなど、人との距離感に逡巡する久しぶりの体験であった。しかし、オンサイト会場となったAP大阪淀屋橋は大阪の中心部土佐堀川沿いにあり、当日はお天気にも恵まれたので、昼休みには川沿いを散歩しながら、それぞれが参加した会の感想を思いつくままに喋り合うような会話の醍醐味を味わうことができた。学会や研修会がオンラインで開催されることで、遠方の会にも参加でき、時間的、交通費的にも負担が軽くなったことはとても有難く感じているが、一方で直接人と会える喜びもまた実感した学会となった。

　第1日目午前には、5つのワークショップが開かれた。筆者は、猪股剛先生のワークショップ（「ユング派の夢分析──その意義とトレーニングと臨床」）に参加した。ユングがなぜ夢分析を臨床の中心においたのか、夢に対する臨床的な態度とはどのようなものか、そして夢分析のトレーニングがどのように行われるか、など興味深い疑問を提示され、それに対してユングの言葉を紐解きながら、重要なポイントをわかりやすく、しかし安易に簡素化せず説明していただいた。猪股先生が現代を生きながら消化

されたお話をしていただいたので、聴きながら無理なく頭の中が整理されることになった。

　第1日目午後は、プレコングレス「共感力の再考──コロナ後の時代へ向けて」に参加した。人類学者、山極壽一氏（総合地球環境学研究所所長）は、出だしからふんだんにゴリラの写真や図など視覚的資料を交えながら、パワフルに幅広い視野で共感力について紐解いていかれ、筆者の狭い「共感」概念を打ち崩した。ヒトは、7百万年前に森から草原に出たことで、共同体を作らねば生き残れない環境で生きることとなった。山極氏は、子育ての方法、食べ物の分配など様々な視点からヒトにとっての共同体の重要性を示し、その共同体を営む上での共感力の必然性を示された。現在、私たちは世界中の大勢の人と簡単に連絡を取ることができるが、それでも、身体の共鳴が生じ、信頼できる人間の数は150人くらいであるのは変化しないという。何百万年もの時間の中で、人が集まり、食事をし、話をしあって培われた言語以前の身体的共鳴や音楽的コミュニケーションは私たちの中にも強く息づいていることが納得させられた。一方で、単に小さな共同体への原点回帰が主張されるのではなかった。ヒトが森を出て以来、農耕牧畜社会、工業化社会、そして現代の情報社会へと変化してきたように、共同体のありようは情報化を進め拡大する方向へ向かっており、ヒトはその複雑さに適応するよう変化することもその本質と山極氏は捉えており、現代のグローバル化や人工知能の進化を含み込んだ上で、ヒトらしさが生かされる未来の可能性を見据えておられた。指定討論者の河合俊雄先生と岩宮恵子先生からは、心理臨床の視点から山極氏の示されたヒトの本質について様々なコメントが示された。筆者には、臨床場面で初め「情報」として受け取られていたものが時間をかけて身体性を含めて自らの中核につながった「ことば」となり、それが自らと周囲の人々、そして死者をも含み込んだ「物語」となっていくことについて思い巡らせる時間となった。また、筆者は近年、これまで通りは通用しないが先を見通すこともできない細切れの時間感覚や動きを制限された滞り感を感じていたが、討議の集団の中に身を置くことの刺激をビシビシと受け、ヒトの歩んできた長い時間と地球規模の共同体というつながりの文脈の中に放り込まれる

ことで、皆が変化の時代に生きていること、ヒトの課題が日々の臨床の中に現れていることを感じ、感覚がリフレッシュする時間となった。

　第 2 日目午前の、研究発表Ⅰでは、事例研究 5 つ、基礎研究 2 つの発表が行われた。筆者は、北山純先生の「境界の生成と世界の広がり──青年期男性との心理療法」に出席した。学生相談という場で、セラピストが丁寧に治療構造を組み立て、クライエントを抱えつつ、セラピストの見立てをクライエントに伝えることが契機となり、様々な部分がまとめ上げられ、内的テーマが展開し成長していかれる興味深いケースであった。フロアから活発に意見が出た後、指定討論者の岩宮恵子先生は、LMT へ焦点を当てたコメントを通して、フロアから出た様々な意見を含み込みながら、クライエントの家族背景や歴史性を踏まえた立体的なケース理解を示された。まさに様々なものが集約され、一気に視界が広がることを体感した検討会であった。

　第 2 日目午後のケース・シンポジウムでは、島根大学の野口寿一先生より「ウイルスの感染拡大のイメージを表現し続けた思春期男子との心理療法」について事例提供がなされた。描画を介した、クライエントの表現を細やかに受け取りつつもセラピストのユニークさが伝わるやり取りも興味深く、それに続いて溢れ出るクライエントの描画と物語は、内に息づく物事を押し進める力の迫力を感じさせるものであった。

　その後の研究発表Ⅱでは、事例研究 5 つの発表が行われた。筆者は、長谷川千紘先生の「『私』の成立における『もう一人の私』」の事例研究発表に司会者として参加した。長谷川先生のふんわりと抱えつつもクライエントの内的変化の流れを捉えた関わりの中で、指定討論者の田熊友紀子先生が「7 歳までは神のうち」と仰ったような、どこか神の世界にいる子供が大人になっていく内的過程を教えてもらったような時間であった。

　最後になったが、ハイブリッドという新しい枠組みの中で、事例検討や研究発表が安全に行われるよう配慮しながら企画・運営をしてくださった大会実行委員の皆様にはご苦労があったことだと思う。皆様に支えられ知見を広げることができたことに、心より感謝申し上げたい。

日本ユング心理学会第10回大会印象記

河 田 知 奈

島根大学こころとそだちの相談センター

　2022年 6 月 4 日（土）と 5 日（日）の 2 日間にわたって、日本ユング心理学会第10回大会が AP 大阪淀屋橋を会場に、オンラインも併用したハイブリッド形式で開催された。オンサイトでの開催は新型コロナウイルス感染症の影響により 2 年ぶりであったため、現地で直接先生方のお話を拝聴したい気持ちもあったが、いまだに感染拡大の収束が見通せない中での開催であったため、感染リスク軽減と自宅から簡単に参加できるという点から筆者はオンラインで参加した。

　初日は 5 つのワークショップとプレコングレスが開かれ、筆者はまず、猪股剛先生の「ユング派の夢分析──その意義とトレーニングと臨床」というワークショップに参加した。ワークショップでは、最初に猪股先生より夢に対する臨床的態度や夢分析のトレーニング方法などについて講義があった。特に印象的だったのは、"夢は体温が必要" で忍耐づよくゆっくり丁寧に時間をかける必要があるという教授である。日々の心理臨床でクライエントの夢の世界に入りきれているだろうかと立ち返る時間になるとともに、夢分析の難しさを痛感した。また、夢の曖昧さも正確に書き留めておくという指摘もあり、空隙の部分を怖がらず夢中遊行するというのも大事だと学んだ。そして、当たり前のようで普段心理臨床をしていると意識から抜けてしまっている部分に多く気づかされたようにも思う。次に、グループに分かれて講義の内容についてディスカッションをした。筆者の参加したグループでは、猪股先生の「ユング的な視点で夢をみる・きくためには教育分析が必須」という指摘から教育分析での夢の扱いやフロイト

とユングの夢の扱いの違いについて討論をした。普段、交流のない方々とお話をする貴重な機会であり、経験豊富な諸先輩方の教育分析の体験をお聞きするのは学びの多い時間となった。

　続くプレコングレスでは、「共感力の再考——コロナ後の時代へ向けて」と題して、総合地球環境学研究所所長の山極壽一先生による基調講演が行われ、指定討論者として河合俊雄先生と岩宮恵子先生が登壇された。山極先生の講演はエネルギーに満ち溢れており、提示して下さった多くのゴリラの写真は見れば見るほど表情のちがいに愛おしさが感じられるものだった。お話の中で興味深かったのは、言葉は人間の気持ちを表すものではないのではないかという指摘である。山極先生によれば、人間は目から表情を読み取っており、言語は気持ちを表すのに必ずしも必要ではなく、状況を頭に浮かべることや表情で事足りるのではないかとのことだった。コロナ禍以降、マスクをつけたまま人と話すことが当たり前となっている昨今でこの指摘は衝撃的なものだった。マスクごしでは上手く気持ちが伝わらないのではないか、読み取りにくいのではないかと思うこともあったが、実はマスクをしているかどうかは重要ではなく、目という一番大切な表現ツールを失ってはいなかったのだとはっと気づかされる瞬間だった。さらに、イメージが検索するとすぐに出てくる現代は実体験からかけ離れてしまうという見解を示され、言葉でない共有が起こらないと本当の共有は起こらないことや、セラピーの重要性にも触れられた。指定討論者の岩宮先生は、これらの指摘について箱庭が行為によって一体感を感じるものであることや現代のバーチャルの世界に触れてコメントされた。これに対して山極先生は、人間の適応能力は高いがどこかで限界がくることを示唆され、アバターを例に頭は満たされても身体は満たされないというお話は、非常に腑に落ちるところがあった。たしかにコロナ禍が始まってすぐの頃こそ新しい生活様式に戸惑いがあったが、まもなくその新しい生活様式に慣れ、今ではマスクをつけたままのコミュニケーションやオンラインでの授業や研修会も当たり前のものとなりつつあるということを回想した。しかしながら、どこかで物足りなさやリアルさに欠ける部分を感じているようにも思われる。実際の心理臨床場面でもオンライン面接が導入されているが、

リアルでの面接に比べるとテンポが合わないように感じたり、本当につながれているのだろうかと考えたり、どこか上の空のような世界に入りこめていないような気持ちになるのは、やはりリアルさが欠けている点や身体を伴わない体験だからだろうかなどと日頃の心理臨床場面を思い返した。河合先生は、言葉は信じられないが身体は正直だとご自身のスイスでの夢見体験をお話しされ、山極先生が「言葉の一番の効用は物語である」とお話しされたところで幕を閉じ、もっとお話を拝聴したい気持ちであった。

　2日目には事例研究・基礎研究を合わせて12の研究発表が行われた。どれも魅力的であったが、ここでは筆者が参加した飯塚康代先生による事例研究発表「"自己"の力の光と影」について触れたい。事例発表では、ひきこもりだったクライエントの風景構成法を通してひきこもり支援の実際について紹介され、飯塚先生の丁寧なフィードバックは自身の心理臨床を振り返る上で学ぶことの多いものだった。指定討論者の田中康裕先生からは、限られたセッションでの面接においてセラピストがクライエントを見立てるためには得意をもっておくことが大切であるという指摘があり、クライエントを見立てて次の支援につなげるという点についても非常に考えさせられるケースであった。また、言語だけで面接を進めることへの限界についても触れられ、改めてイメージを介しての心理療法の効用について考える時間でもあったように思う。

　また、2日目には大会企画ケース・シンポジウムも行われ、野口寿一先生より「ウイルスの感染拡大のイメージを表現し続けた思春期男子との心理療法」と題された事例が提供され、指定討論者として川嵜克哲先生と前川美行先生が登壇された。コロナ禍以前にウイルスの感染拡大イメージを展開された事例とあって、新型コロナウイルスという気鬱な日常にどのような深層でのつながりや得られるものがあるだろうかとわくわくしながらパソコンの前にいた。事例経過を伺う中で、まずは経過中の野口先生のスクイグルでの丁寧な返しと綿密さに感嘆させられた。初めはかみ合わなかったスクイグルのやり取りが次第にかみ合い、物語づくりにまで発展していく様子は圧巻であり、セラピストの現実にまで影響を与えるウイルス感染のイメージは、野口先生がクライエントの世界にしっかりと入りこんで

イメージを通して深いところでつながっていらっしゃるのを感じる瞬間だった。指定討論者の川嵜先生と前川先生は、イメージのやり取りをリフレクトという視点からクライエントの主体がしっかりとしていく様子やイメージを反復することで自分の物語にしていく過程について読み解いていかれた。新型コロナウイルスも幾度となく流行を繰り返しており、そのたびに一喜一憂する日々だが、この反復にもなにか意味があり深いところでは物語が進行しているのだろうかなどと思いを馳せた。クライエントのイメージのように、新型コロナウイルスがいつか反復せず前進する日がくることを信じて願うばかりである。

　2日間にわたって、多くのケースやイメージに触れることができ、非常に学ぶことの多い実りある贅沢な時間であった。遠方での大会参加はエネルギーがいるものの、次回はぜひ現地に足を運び、頭だけでなく身体でもイメージや事例に直接触れたいと強く思う大会でもあった。最後に、このような貴重な機会を与えてくださった、大会実行委員の先生方に心から深く感謝申し上げたい。

文献案内

神経症論に関するユング心理学の基礎文献

北 口 雄 一
北口分析プラクシス

日本ユング派分析家協会（AJAJ）の教育訓練機関である、日本ユング心理学研究所において、ユング心理学を学ぶに当たっての参考として、7領域に渡る基礎文献リストが作成されている。その領域4）「精神医学・精神病理学」では、C・G・ユングの4つの（1つは神経症論、3つは統合失調症論の）論文が、基礎文献として上げられている。統合失調症論の3つの論文については、筆者が2020年に上記の日本ユング心理学研究所のセミナーで扱ったこともあり、今回は、4つの論文のうちの1つ、神経症論の論文である、ユング全集第4巻に所収の "The theory of psychoanalysis" を紹介したい。

この論文は、1912年にユングが『変容の象徴』を出版した後、同年に、ニューヨークのフォーダム大学に招聘され、9回に渡って行われた講義が、翌年の1913年に講義録として発表されたものである。ハードカバーの全集で約140頁、かなりの分量の論文と言えるだろう。

この論文の終盤で、ユングが再三に渡り言っていることを先取りして、最初にそれを述べたい。神経症は、その人が現実に適応して生きていないこと、現実からの課題を避けていることから生じている、とユングはこの論文で繰り返し言う。ユングがそう言っているからといって、それをユング心理学において学ぶべき知識だとナイーブに思うのでは、それは、親や教師が教えることを覚える小中学生と同じ姿勢だろう。それは違うと反発するのも、親や教師に反発するのと同じ水準のことだろう。

9回の講義の最初の2回に渡って、ユングは、当時、誤解や無理解から

フロイトや精神分析に向けられていた社会からの批判に対して、フロイトが心の理解にもたらした価値を高く評価しながら、精神分析について非常に丁寧に講義している。フロイトと袂を分かったことを知っているわたしたちから見ると、なぜそれほど精神分析を擁護しているのかとも思えるほどだが、それは、当時の社会では、精神分析への批判がそこまでなされていたということだろう。そして、現実を生きるということで言えば、これもまた、ユングが生きていた現実だったのだろう。

　その上で、3回目以降の講義では、ユングは、フロイトが行う精神分析の見方、つまり、神経症の病因は、幼児期の親への性の幻想という「過去」にあるということ、そのフロイトや精神分析に対して、はっきりと異を唱え始める。これもまた、フロイトや精神分析という目の前にある現実と、ユングが向かい合って生きていた姿に違いない。

　描写の長短はあるが、この論文では4つの事例が上げられていて、それ自体も興味深いが、それを通して、わたしたちは、最初に述べた、ユングが、神経症は現実を生きていないことから生じていると言う意図や意味に、より近づくことができるだろう。4つの事例のうちの1つは、1回目、4回目ならびに7回目の講義で取り上げられていて、社交の深夜の帰りに、後ろから走ってきた馬車を避けられない、と驚愕して馬車の前を走り続け、神経症の発作を起こした女性の事例である。

　1回目の講義では、フロイトが（2回目で講義される、幼児にも性があるという考えに至るまでの当初は）心的外傷論を取っていたことを、ユングは解説しているが、それと絡めて、この事例では、この女性には、子どものころ馬車で命に関わるほどの怖い体験をした過去があることが紹介されている。もちろんユングは、その心的外傷が神経症の病因になっている、と考えてはいない。4回目、神経症の病因という題目の講義でそれがはっきり述べられる。

　さらに、7回目の講義で、この事例でまだ語られていなかったことを、ユングは紹介することになる。この女性は、他の女の子たちがするような遊びも、思春期になって他の女の子たちが異性と様々な関係を築くことも、反発して、してこなかった中で、20代半ばで2人の男性が近づいてくる経

験をした。自分の感情が分からず反発したりしながらも、自分でも気づくことなく、２人のうち、親友の夫である男性に感情を抱いていたようである。馬車のことで神経症の発作を起こした夜は、その親友が（夫から離れて）療養地に行く晩餐会に参加した帰り道だった。周りの人に助け出されたこの女性は、親友がもういない、その夫だけがいる家に運び込まれていた。

　ユングは、自伝で、自分が12歳のときに、級友に押し倒されて頭を打った後、神経症の発作で学校に行けなくなったことを語っている。ユング派分析家、Ｗ・ギーゲリッヒは著書『ユングの神経症概念』（2021年、創元社より翻訳が出版）で、この神経症を題材にしているが、ギーゲリッヒは、そこでユング自身の「演出」という言葉に注目している。

　自伝では、ユング自身が、神経症は、学校に行かずに自分の好きなことに没頭するために、意識してではないが、どこかで自分自身が作り出した「演出」だったと語っている。ユング自身が、ここで「演出」という言葉を使っているのである。その「演出」を自ら見通した当時のユングは、適応すべき現実の課題である、勉強をする、学校に行くということと必死に向かい合い、それによって神経症が克服されたと、ユングは自伝で語っている。

　ここで興味深いのは、先の女性の事例について講義する中で、ユングが、この「演出」という言葉を（自伝を書くずっと以前である）この講義で使っていることである。ユングが言うには、馬のことで神経症の発作を生じさせたのは、この女性が、もちろん意識してではないが、親友の夫のところに運び込まれるために、どこかで自分自身が作り出した「演出」なのである。

　この女性は、同年代の他の女性たちのように、異性との関係に取り組む、現実に適応した課題を生きてこなかった。しかし、親友の夫に生じた感情からも見られるように、感情の深いところでは、異性へと動く気持ちをもっている。そうであるなら、現実に適応した人生の課題は、異性と関係を築いていくことだったのに、ユングは、この女性は、その現実を生きてはいなかったと言う。

　12歳のユングは、現実に適応して生きず、現実の課題を避け、神経症の症状を「演出」することで、学校から目を背けて、ギーゲリッヒが言うには、自分が好きで学びたいことに自分のやりたいように没頭する、という12歳にしては幼すぎる姿で、いわば、夢見るような日々を過ごしていた。一方で、ギーゲリッヒは、「演出」によって作り出された夢見るような日々を、一度、とことん味わい尽くすことが、当時のユングには、そこから目の前の（場合によっては厳しい）現実を生きていくことになる道のりの中で、必要で必然的なことであり、それもまた、神経症のもつ意味であることを、上記の著書で述べている。

　同じことを、ユングはこの女性の事例ですでに述べている。この女性にとって現実の課題は、異性との関係という（場合によっては厳しい）現実を生きることだった。しかし、現実に適応するその課題を、この女性は、まだ乗り越えられない。そこへの道の途中で、その課題を乗り越える段階として、密かに慕っていた男性と、女の子が夢見るような時を過ごすために、神経症が「演出」された。ユングは、神経症とは、その人が現実を生きることへと導くものでもある、と見ていたのである。

　ここまで述べて、一度、この論文でも使われている「神経症」という言葉が何を指しているのかを確認したい。この講義が行われた、ユングの生きていた1912年は、当然、1960年代に、カーンバーグが病態水準という概念と共に、水準として神経症と人格障害とを分類したときより、はるか以前である。ユングがこの論文で、神経症を、Dementia praecox（現在でいうところの統合失調症）と比較して述べているところからも、この論文でいう「神経症」とは、統合失調症ではない、心因から生じる心の問題全体と捉えてみたい。たとえば、カーンバーグのいう人格障害も含めた、大きなくくりの意味で心の問題と捉えると、ユングがこの論文で使っている神経症という言葉が理解しやすくなると思われる。

　このことの参考として、これも7回目の講義で取り上げられている別の事例を紹介したい。ある姉妹の、姉の方の事例で、姉妹2人ともに、それぞれ、好意を寄せられている男性がいた。妹は、自らの現実に適応して現実の課題を生き、男性と関係を築いたが、姉は目の前の現実を乗り越え

れず、妹の結婚した幸せな姿を目の当たりにして、ヒステリー症状を呈するようになった、という。

この姉と会っていた精神分析医は、面接で姉が思い出した過去の父親との出来事から、この神経症の病因は、この父親に関することであると言っていた。しかし、ユングは、この姉は、その精神分析医の影響を受けて、本当の原因でないものを原因だとして父親に不満をもつことに陥っていると、病因が過去にあるとすることに反論する。

ユングは、この姉妹の違いは、姉は、もともと妹より、いわば、敏感だったところだと言い、神経症になる人は、もともと敏感なところがある人も多く、その敏感さによって、母の母乳を吸うところから、不満や問題を重ねながら成長することになる、と述べている。現在から言えば、かなり粗雑な言い回しとはいえ、ユングの時代より後に出てきた、早期母子関係への注目や、さらには、過敏さから定型発達に問題が生じうることも、大きく神経症という言葉や理解で包括して、先取りしているとも言えるだろう。

最初に述べたが、この論文の後半で、事例もその例として上げながら、ユングは、神経症は、その人が現実に適応して生きていないこと、現実からの課題を避けていることから生じていると、繰り返している。しかし、最初に述べたように、それを覚えるべき知識だとするのでは、あまりにナイーブな態度だろう。ユングが、この論文の中で、神経症の原因は（精神分析が言うように「過去」にある事例も多くあると、フロイトや精神分析を認めた上で、それ以上に多いのは）目の前の現実を生きていないという「現在」にこそある、神経症の原因が「現在」にある事例が多くある、とこの論文でここまで繰り返すのは、フロイトや精神分析が、神経症の病因は「過去」にあると主張する当時の現実と、ユングが格闘していたからでもあろう。

しかし、ユングが神経症の原因は「現在」にあると、このように語るのは、精神分析が原因は過去にあると言うのを、知識であるかのようにかじって、過去が悪かったから、親が悪かったからと、意識してではなくとも、自分の都合のいいように心の問題を「演出」する人を、ユングは嫌という

ほど見たから、でもあるのだろう。それは、現在においても同じで、クラ
イエントが、臨床心理学の中途半端な知識をかじって、無意識のうちに、
それを、過去が悪い、相手が悪いことの理由に使い、そのような自分に都
合のいい知識が、本来、クライエント自身が苦しみと共に取り組むべきで
ある、自身の本当の問題に光を当てることは決してない、というのは、心
理療法が往々にして陥りやすい罠だろう。

　今回、この論文を紹介したが、約140頁の分量がある中で、ユング心理
学を学ぶ人それぞれが、どの内容に意識を向け、どの切り口から、この論
文を理解しようと試みるかは違って当然であり、むしろ、それぞれの人が、
このユングの講義を読みながら、何を考えるかということ自体が、基礎文
献を読むという、ユング心理学の訓練ではないだろうか。

海外文献

佐 渡 忠 洋
名古屋市立大学

Daniel J. Siegel, *The Developing Mind: How Relationships and the Brain Interact to Shape Who We Are, Third Edition*（New York and London: Guilford Press, 2020）を紹介する機会をいただいた。この神経科学（脳科学も含む）を本誌で取り上げることはユニークな取り組みといえる。ユング心理学を考慮してこの本の意義を論じるのは難しいのだけれど、少しでも当該領域へ関心をもっていただけるように努めたい。

著者と理論的背景

著者 Siegel（1957-）はハーバード大学で医学を学び、UCLA で小児科学と児童・思春期・成人の精神医学の訓練を受けた精神科医である。現在、UCLA 医学部精神医学教室の臨床教授、マインドフル・アウェアネス・リサーチ・センターの設立共同ディレクターを務めている（https://drdansiegel.com）。彼は多くの論文・著書を出している。既刊の邦訳書は『しあわせ育児の脳科学』（早川書房、2012）、『脳をみる心、心をみる脳』（星和書店、2013）、『子どもの脳を伸ばす「しつけ」』（大和書房、2016）、『「自己肯定感」を高める子育て』（大和書房、2018）、『愛着の子育て』（大和書房、2022）と一般書が多い。ここで紹介する『The Developing Mind』は高い評価を得ているテキストである。初版（2002年）で394頁、第 2 版（2012年）で506頁だったのが、この第 3 版で674頁と大幅に加筆された。注・文献・索引を除いても511頁の大著なので、通読にも骨が折れる。

　本書の主眼は、心（mind）が対人関係の経験と脳の構造・機能とのイ

ンターフェースにおいて浮かび上がるという考えを、さまざまな科学分野の情報を統合することで探求する点にある。著者自身が1990年代に提唱した対人神経生物学（Interpersonal Neurobiology: IPNB）が本書の根底にはある。IPNBとは、深い人間関係の結びつきからシナプス結合までを包含する学際的な視点であり、神経科学の一分野というよりも、人間の本質を探究する広範な枠組みである。さらにIPNBは、身体と脳と心と人間関係との相互関係を理解することを目指しており、システムの「統合」（神経システムの分化した要素のつながり）が健康の基本的メカニズムだと考える。

　IPNBは世界的な動きである。Norton Series on Interpersonal Neurobiologyとして出版された双書は75冊を超え、そこから邦訳されたものに、P. W. Stephen著『ポリヴェーガル理論入門』（春秋社、2018）、O. van der Hartほか著『構造的解離』（星和書店、2011：上巻のみ既刊）、D. Dana著『セラピーのためのポリヴェーガル理論』（春秋社、2021）、D. N. Stern著『プレゼントモーメント』（岩崎学術出版社、2007）、P. Ogdenほか著『トラウマと身体』（星和書店、2012）、A. N. Shore著『右脳精神療法』（岩崎学術出版社、2022）がある。ユング派の業績、M. Wilkinson著『セラピーと心の変化』（木立の文庫、2021）もこのシリーズの一書である。

内容の限定的な紹介

　まず本書の目次を見よう。

　これだけで本書の特徴がいくらか推察できるだろう。神経科学の一般的な教科書ではなく、発達心理学を神経科学的概念に落とし込むものでもない。本書は、IPNB に基づいて、人間関係を除外せずに、神経科学的観点から、相互性と複雑性を重視して、心と心の発達を論じている。そのため、登場する専門用語は多様である。基本となる解剖学的・生理学的なものに加え、エピジェネティクスやコネクトームなど近年の脳の議論では不可避の概念も頻出する。私の紹介能力の限界もあって、以下、人間関係（徹底して重要視し、根本姿勢とみえる部分）とマインドフルネス（治療論）の２点に絞り、著者の考えを見てみたい。

　その前に、今日、脳はネットワークやシステムとして語られる。認知心理学などを通じてわれわれが学んだ脳機能局在論を主とする考えは、もはや基礎に過ぎない（脳と認知機能との関連は優れた洞察をもたらしてきたが）。脳が如何にして情報を処理しているのか、ネットワークはどのようにして最適化されてニューロン発火の確率を上げるに至ったのか、自己組織化はどうなっているのか、という事柄は、内的なプロセスとしてだけでなく、環境や経験といった外的なプロセスを含めて議論する必要がある。たとえば、視覚。われわれがこの瞬間目にしているそれは脳がそのように再構築している像であり、いわば幻想である、という考えは広く認められている。これを理解するには、網膜という器官から入った信号の処理経路と皮質の領域を学ぶだけでは不十分で、環境や経験を通じてそのように判断されるに至ったシステムを考慮せねばならない。だからこそ、脳は内的なものと外的なものとのあいだに位置づけられる。

　さて、最初の人間関係だが、臨床心理学でシステム論が採用されるように、著者も IPNB の考えから人間関係をシステムとみなす。Ａ と Ｂ という２人の人物がいるとしよう。Ａ は Ｂ から送られる信号を知覚して、Ａ

のシステムは状態を変化させることで反応をする……、そのＡの反応という信号に対してＢもまた反応する……、これが続きコミュニケーションが成立する。この場合、ＡからＢへの、そしてＢからＡへの反応パターンが、両者にそれぞれの状態を形成する。この相互作用は、もはやＡとＢという２つの下位構成要素に還元できない上位システムである（Ｂを抜きにしたＡの反応パターンというものもありえない）。人間関係とは、２つの構成要素の相互作用を調整する制約のバランスから生じる創発的なパターンである。そのため、ＡとＢとは因果関係で論じることは難しくなり、その人間関係は大きな枠組みで捉えざるを得ないものとなる。そしてこの上位システムは、経験を通じて個人の脳に、作動されやすい回路のパターンとして染み込むことになる。

　科学的な脳研究の成果が、この著者の考えを支持する。少し踏み込んでいえば、われわれ心理療法家が愛着や関係性を大切にしてきた歴史は決して間違いでなかったと、客観性の旗を掲げる研究が裏づけているのである。そして、心理療法での転移というあの奇妙なものが、ある文脈によって喚起された馴染みある上位システムであることを示唆し、その上位システムを生み出す個人の心の状態に着目して成育歴に目を向けることにも、現在の治療関係に着目することにも意味がある、となるだろう。われわれが「関係性」と柔らかく、時に誤魔化しかのように使う言葉は、諸々の研究の実証性と関連があるために、今や非常に重い責任をもつ。

　次のマインドフルネスは、われわれの実践領域で注目されて久しい概念である。治療的にも啓発という点でも、これが良い効果を上げることは様々な研究が示している。マインドフルネスは、判断に振り回されることなく、瞬間瞬間に生じる現在の経験に、意図的に注意を払うことを意味し、著者もこれを重要視する。そして、マインドフルネス実践のために、「焦点づけられた注意」「開かれた気づき」「親切な心構え」の３本柱が大事であるとし、これらを「マインド・トレーニングの３柱」とする。３柱を念頭に置いて、意識的に変化することを目的としたトレーニングは、①左右の半球をつなぐ脳梁、②記憶系をつなぐ海馬、③身体・脳幹・辺縁系・皮質・社会的世界らをつなぐ島などの前頭前野、④コネクトームの相互接続、

において「統合」を強化するという。

　著者がマインドフルネスを強調する理由は、おそらく、気づきのなかに、現在の人間関係の様相が入ってきやすいからであろう。すなわち、面接による対面でのマインドフルネスであれ、セルフという形でのマインドフルネスでは、その作業に登場する主題に身近な人間関係への気づきが含まれやすいために、マインドフルネスはIPNBと親和性が高いアプローチといえる。私はマインドフルネスの用語をこそばゆく感じてしまうのだが、これが言わんとしている中身は、C. G. Jungの東洋への関心を思い起こすまでもなく、無意識を前提とする学派にも人間性心理学派にも寄与する点が多い。

　専門用語の使用と説明をなるべく避けたために曖昧な紹介になってしまったが、上述のことを、千を超す膨大な文献を引用しながら、専門用語を多用しつつ、認知よりも情動（emotion；あるいは相互的な情動）に重きを置いて、目次の順に厚みを持たせたものが本書である。人間関係に常に軸足をおく本書は、「神経科学×発達」に関する今日の到達点を学ぶには有用で、知的好奇心を刺激する。なお、今日の神経科学的な観点からみた自己（self）の考えも興味深い、と付言しておく。自己を、状態的なもの、多性的なもの（単数名詞ではなく複数動詞）とするのである。さらに著者は自己を、人間関係を重視した関係的自己とも位置づけている（こうした自己感の方が日本人には共感しやすいものかもしれない）。この部分の詳細は彼の新著『*IntraConnected: MWe (Me + We) as the Integration of Self, Identity, and Belonging*』（2022）を参照されたい。

　批判を記しておくと、本書は慣れない概念のオンパレードに正直辟易するので、教科書に採用はしにくい。そして、治療論に関してはやや希薄である。

神経科学の意義？

　ところで、神経科学の興隆から、われわれは自由でいるべきなのだろうか。われわれも、これらの分野の知見を学んだり取り込んだりすべきなのだろうか。

2022年『*IAAP Newsletter*』33号に掲載の Joe Cambray と Geraldine Godsil の対談（pp.323-344）には脳機能への言及がある。そして、そもそも Jung 自身、晩年の論文「統合失調症についての最近の考察」（*GW* 13所収）にあるように、最新の科学的知見に開かれた態度であった。しかし、ユング派の訓練内容には神経科学のものは少ない。AJAJ（日本ユング派分析家協会）の企画でも、武野俊弥氏や深津尚史氏のセミナーが記録にある程度のようだ。

脳について学ぶと、その知識でもって目の前の出来事を「還元」的に理解したくなる。少なくとも私はそうであった。しかし、心と体の、一方を他方へと還元して論じる方法には古くから批判が出ているのだから、私と同じ轍を踏む人は多いのだろう。そして、人の精神生活のリアリティを大切にしたいと思えば思うほど、神経科学から距離をとる。

Mark Solms を代表とする神経精神分析（neuropsychoanalysis）の動向は、こうしたものとは一線を画す。主観的なもの（心）と客観的なもの（脳）とを同等に扱う態度で、新しい領域を展開している。フロイト派の概念の方がユング派のそれよりも脳との連関を仮定しやすいからだろうか。Wilkinson に続く形で、いつかユング派らしい取り組みが報告されることだろう。

本書を紹介しておきながら、私は、神経科学をかじって自分の心理療法実践が前進した、とは感じない。それでも本書を手に取ったのは、自身の詩的で形而上学的な表現・理解を抑制するためであった。神経科学を学ぶと、自分の面接の一部分を別の視点から説明される時があり、勇気づけられること・反省させられることがある。それに、科学が暫定的な姿勢を堅持するように、人の可能性に対して謙虚になれる、と思うのである。

日本ユング心理学会　機関誌投稿規定

2018 年 9 月 16 日改訂

日本ユング心理学会は，機関誌として『ユング心理学研究』と『臨床ユング心理学研究』の２種類を発行しています。これらの機関誌に研究論文の投稿を希望される方は，各機関誌の違いを考慮の上，以下の投稿規定にしたがって投稿してください。

Ⅰ　投稿資格
1．研究論文の投稿資格は，原則として，日本ユング心理学会正会員に限る。

Ⅱ　論文の内容と規定文字数
2．『ユング心理学研究』は市販される機関誌であり，理論研究，文献研究に基づく研究論文を中心に掲載する。臨床心理学・精神医学の領域に限らず，幅広い領域から，学際的な研究論文も受け入れる。

『臨床ユング心理学研究』は会員にのみ頒布される機関誌であり，臨床事例研究に基づく研究論文を中心に掲載する。

投稿の際は，いずれの機関誌に掲載を希望するか，原稿に明記すること。ただし，内容によっては，編集委員会の判断で，希望通りにならない場合もある。

3．論文の内容は未公刊のものに限り，分量は16,000字（40字×40行×10枚）を限度とする。図表類はその大きさを本文の分量に換算して，文字数に含めること。原稿の冒頭に，原稿の総文字数を記載すること。

Ⅲ　原稿作成に関する一般的注意
4．原稿のサイズはＡ４判とし，１ページあたり40字×40行（1,600字）とすること。

5．原稿は横書きで，原則として常用漢字・新かなづかいを用い，数字は算用数字を用いること。

6．Th., Cl., SCなどの略語は原則として使用しないこと。ただし，記述が煩瑣になることを避けるために用いる場合などには，初出の際にその略語の意味を明示した上で使用すること。

Ⅳ　プライバシーへの配慮
7．臨床事例を用い，クライエントに関する情報を記載する場合には，記載する情報は最小限度とし，プライバシーに十分配慮すること。

Ⅴ　外国語の表記
8．外国の人名，地名などの固有名詞は，原則として原語を用いること。その他の外国語はなるべく訳語を用いるが，外国語を用いる場合は，初出の際，訳語に続けて（　）をつけて示すものとする。

Ⅵ　図表
9．図や表は，図１，表１などと通し番号をつけ，それぞれに題と内容を記載すること。

Ⅶ　引用
10．本文中に文献を引用した場合は，引用した箇所を「　」などでくくって明示すると同時に，著者名，刊行年，引用ページを記載すること。
  a）本文中に著者名を記載する場合。
    河合（1995）は，「○○○」（p.○）と述べている。
  b）引用の終わりに著者名を記載する場合。
    「○○○○○○」（河合，1995, pp.○-○）。
  c）翻訳書の場合は，原書の刊行年と翻訳書の刊行年を，"/"で併記する。
    本文中に記載：Jung（1935/1987）引用の終わりに記載：(Jung, 1935/1987)
  d）著者が３名以上いる場合は第１著者名のみを記し，第２著者以降は日本語文献では"他"，外国語文献では"et al."と略記する。

Ⅷ 引用文献

11. 引用文献は，本文の終わりに「文献」の見出しで，著者の姓のアルファベット順に一括して記載すること。

 a）雑誌の場合：著者名，刊行年，論題，誌名，巻数，号数，掲載ページの順に記す。誌名は，日本語・外国語いずれの場合も，略称は用いない。

  日本語例）横山博（1995）．ユング派の心理療法における転移／逆転移　精神療法，21（3），234-244.

  外国語例）Giegerich, W. (1999). The "patriarchal neglect of the feminine principle": A psychological fallacy in Jungian theory. *Harvest*, 45, 7-30.

 b）単行本の場合：著者名，刊行年，書名，出版社の順に記す。外国語文献の場合は出版社の前に出版地も記載する。編集書の中の特定章の場合は，著者名に続けて，刊行年，章題，編者名，書名，掲載ページ，出版社の順に記す。

  日本語例）赤坂憲雄（1985）．異人論序説　砂子屋書房

  外国語例）Hillman, J. (1975). *Re-Visioning Psychology*. New York: Harper & Row.

  Bosnak, R. (1997). *Christopher's Dreams: Dreaming and Living with AIDS*. New York: Bantam Dell Publishing Group.（岸本寛史（訳）（2003）．クリストファーの夢——生と死を見つめたHIV者の夢分析　創元社）

 c）上記とは別に，ユング全集（ドイツ語版，英語版）からの引用については，引用箇所の末尾に，ページ数ではなくパラグラフ数を明記すること（Jung, *GW* 7, par.28　あるいは，Jung, *GW* 7, § 28）。

Ⅸ 英文要約

12. 研究論文は，上記のほかに英文要約（100 〜 175語）と英文キーワード（3つ）を添えて投稿すること。

 a）英文要約：ABSTRACTとして，英語の論題と氏名・所属に続けて記載すること。

 b）英文キーワード：Key Words として，英文要約の下に記載すること。

 c）英文要約の日本語訳（400 〜 450字）と英文キーワードの日本語訳も添えること。

 d）英文は英語の専門家の校閲を経ていること。

Ⅹ 特別な費用が必要な場合

13. 論文の掲載に際して，印刷上，特別の費用を要する事情が生じた場合は，投稿者が負担するものとする。

Ⅺ 研究論文の著作権

14. 掲載された研究論文の著作権は日本ユング心理学会に帰属する。当該論文を他の出版物に転載する場合は，日本ユング心理学会の許可を得なければならない。

Ⅻ 投稿論文の提出

15. 投稿論文は，正本1部，副本（正本のコピー）2部の計3部にデータを添えて，下記宛に簡易書留もしくはそれに類する送付手段で提出すること。副本では，氏名・所属，謝辞などを削除すること。

  日本ユング心理学会 編集委員会
  〒541-0047　大阪市中央区淡路町4-3-6　株式会社 創元社内

16. 研究論文の再投稿は，審査結果の通知後1年を期限とする。1年を経過して再投稿された場合は，新規の研究論文として審査を行う。

『ユング心理学研究』バックナンバー
第 1 巻、第 2 巻のご購入については、下記までお問い合わせください。
一般社団法人日本ユング派分析家協会（AJAJ）事務局
E-mail:infoajaj@circus.ocn.ne.jp　Fax:075-253-6560

ユング心理学研究　第15巻

共感力のゆくえ

2023年4月10日　第1版第1刷発行

編　者 ……………………………………………………
日本ユング心理学会

発行者 ……………………………………………………
矢　部　敬　一

発行所 ……………………………………………………
株式会社 創 元 社
https://www.sogensha.co.jp/
本社 〒541-0047 大阪市中央区淡路町4-3-6
Tel.06-6231-9010　Fax.06-6233-3111
東京支店 〒101-0051 東京都千代田区神田神保町1-2 田辺ビル
Tel.03-6811-0662

印刷所 ……………………………………………………
株式会社 太洋社

©2023, Printed in Japan
ISBN978-4-422-11715-7 C3311

〈検印廃止〉

C.G. Jung THE RED BOOK LIBER NOVUS

赤の書 [テキスト版]

C・G・ユング[著]
ソヌ・シャムダサーニ[編]
河合俊雄[監訳]
河合俊雄・田中康裕・高月玲子・猪股剛[訳]
A5 判・並製・688 頁　定価 4,950 円（税込）

オリジナル版『赤の書』からテキスト部分のみを取り出した普及版。シャムダサーニ
による渾身の序論「新たなる書—— C・G・ユングの『赤の書』」や詳細を極めた脚注
など構成内容はそのままに、より読書に適した形に本文レイアウトを変更し、携帯可
能なサイズにまとめた。元型、集合的無意識、個性化など、ユング心理学の最重要概
念の萌芽が数多く提示され、ユング理解に欠かせない最重要テキストにじっくり向き
合いたい読者にとって必須の一冊。

赤の書 [図版版]

C・G・ユング[著]
A5 判・並製・224 頁　定価 5,500 円（税込）

「テキスト版」と同じハンディーなサイズ・仕様で、
オリジナル版『赤の書』の図版のみをオールカラー
で収録したコンパクト版。「テキスト版」とセットで、
オリジナル版の内容全体をカバーする。